FOCA INVESTIGACIÓN

200

AF277004

Diseño interior y cubierta: RAG

1.ª edición, mayo de 2024
    Reimpresión, junio de 2024

© Jorge Urdánoz Ganuza, 2024

© del prólogo, Josep M. Colomer, 2024

© Ediciones Akal, S. A., 2024
    Sector Foresta, 1
    28760 Tres Cantos
    Madrid - España
    Tel.: 918 061 996
    Fax: 918 044 028
    www.akal.com

ISBN: 978-84-16842-88-9
Depósito legal: M-11469-2024

Impreso en España

Jorge Urdánoz Ganuza

La Transición
según los espías

Prólogo de Josep M. Colomer

akal

ARGENTINA
ESPAÑA
MÉXICO

A mi padre, que ya no leerá este libro, con todo el agradecimiento y con toda la admiración posibles. Que morir sea amanecer.

CRONOLOGÍA

Se ofrece este breve cuadro cronológico con algunos de los hechos más relevantes, como ayuda para situarse durante la lectura del ensayo. La selección de los hechos no depende de su importancia histórica (no al menos necesariamente) sino sobre todo de su trascendencia para lo que los cables de Stabler desvelan de cara al proceso de transición a la democracia.

	1975	Noviembre Diciembre	20: muere Franco. 12: los *hombres del rey* entran en el Gobierno de Arias.	
El año casi exacto	**1976**	Enero Febrero Marzo Abril Mayo Junio		Gobierno Arias
		Julio Agosto Septiembre	4: Suárez es nombrado presidente. 10: Felipe González se entrevista con Suárez. 9: Suárez comunica su plan a los militares. No habrá comunistas.	
		Octubre Noviembre Diciembre	18: las Cortes franquistas aprueban la reforma. 15: referéndum. El «sí» a la reforma arrasa.	Gobierno Suárez
	1977	Enero Febrero	28: entrevista secreta de Suárez con Carrillo en Pozuelo.	
		Marzo Abril Mayo Junio	9: se legaliza el Partido Comunista. 15: primeras elecciones democráticas desde la Segunda República.	

PRÓLOGO

Este libro de Jorge Urdánoz obliga a revisar algunas interpretaciones de importantes episodios de la transición española a la democracia. Como valioso subproducto, muestra la eficacia e inteligencia de un personaje poco conocido, el embajador de Estados Unidos en Madrid en aquella época, Wells Stabler, y, por extensión, de la diplomacia estadounidense.

El autor se ha centrado en una selección de los miles de cables o teletipos enviados por el embajador Stabler al Departamento de Estado, dirigido entonces por Henry Kissinger, durante la primera fase de la Transición, desde la muerte del dictador en noviembre de 1975 hasta un año después, a finales de 1976, cuando se aprobó la Ley para la Reforma Política. En el enfoque más establecido en los estudios de la Transición, ese año fue el de la «reforma pactada» «desde arriba» entre los «duros» y los «blandos» del régimen franquista, es decir, los que pretendían la continuación del mismo y los reformistas. Urdánoz sostiene que esos doce meses fueron «el año semilla» que prefiguró desarrollos posteriores.

Una de las reinterpretaciones más notorias que los cables de Stabler permiten se refiere al sistema electoral. Como recapitula Urdánoz, se ha solido interpretar que Adolfo Suárez aceptó un sistema de representación proporcional con notables restricciones para persuadir a los partidos de la oposición a participar en las elecciones convocadas unilateralmente por su Gobierno. La nueva tesis es que, cuando se aprobaron los elementos básicos de la futura ley electoral, todavía en 1976, la expectativa general era que el partido más votado no sería el del reformista Suárez, que de hecho aún no existía, sino la Alianza Popular que estaban montando Manuel Fraga y otros exministros de Franco. Estos querían un sistema electoral con solo un escaño por distrito que les permitiría obtener una mayoría parlamentaria con una minoría de votos a nivel nacional. Así, al introducir criterios de proporcionalidad en la representación, Suárez y sus socios no habrían actuado con el propósito benevolente de favorecer el pluralismo político, sino en su propio interés como grupo previsiblemente minoritario.

Otro episodio que es revisado a la luz de la información proporcionada por los cables de Stabler es la legalización del Partido Comunista. Como el embajador razona, para los intereses y temores de Estados Unidos era mejor un Partido Comunista legal y en el Parlamento con una representación muy baja, como así fue, que un partido ilegal, antisistema, con compacta organización e influencia en los sindicatos, la academia y los medios periodísticos. Estábamos todavía en plena Guerra Fría, pero la lucidez del embajador se impuso.

Los agudos análisis de Stabler revelan también algunas importantes características de las negociaciones transicionales. Así, aunque «el rey ha dado la dirección a Suárez [...] todos le consultan y las decisiones importantes requieren claramente la aquiescencia del rey».

A su vez, en los intercambios entre el Gobierno reformista y la oposición, hacía falta un poco de teatro. Tanto Felipe González por el PSOE como, en cierta medida, más tarde, Santiago Carrillo por el PCE compartían el plan de reforma de Suárez, dada su relativa debilidad en la ilegalidad, pero no lo podían decir claramente para no defraudar a sus militantes y seguidores.

Fuera del periodo analizado en este libro, tras las primeras elecciones abiertas en junio de 1977, hubo negociaciones entre el Gobierno reformista y la oposición democrática para una «ruptura pactada» y la aprobación de una nueva Constitución.

La democracia limitada que habían concebido los reformistas fue ampliada. Pero es cierto que tanto los avances democráticos como la frustración de otros cambios vinieron condicionados por la reforma pactada entre continuistas y reformistas en la primera fase de la Transición.

En concreto, cabe señalar que la transición española se diferenció de los procesos de democratización en otros países del área en que no hubo una consulta popular sobre la forma de gobierno monárquica o republicana, como sí la había habido en Italia y en Grecia. Tampoco hubo represalias para los fascistas, como las hubo en esos dos países y en Portugal, ya que la amnistía alcanzó a los dos bandos, ni hubo ruptura en las Fuerzas Armadas (hasta que se produjo el intento de golpe de Estado en 1981), en la policía, la justicia o la Administración civil del Estado, algunas de cuyas herencias todavía sobreviven.

Sin embargo, entre los cambios no incluidos en los análisis de este libro hay uno muy importante que no estaba prefigurado en las reformas del «año semilla»: la descentralización del Estado, la cual empezó con el sorprendente retorno del exilio de Josep Tarradellas como presidente de la Generalitat de Catalunya y pronto se generalizó a todo el país. El origen rupturista de la descentralización territorial puede ayudar a explicar que el tema haya generado la controversia más intensa y duradera de la política española. Dado que el embajador Stabler estuvo en Madrid hasta mayo de 1978, cabría indagar en sus cables del periodo poselectoral para iluminar procesos como este, aún no del todo conocidos, así como otros que Urdánoz menciona y que quizá serán objeto de futuros estudios.

El embajador Wells Stabler aparece en el libro como un personaje fascinante. Era una de las personas mejor informadas, no solo por sus espías, sino porque todo el mundo quería departir con él para lograr su apoyo o al menos neutralidad, mientras que entre los actores implicados había rivalidades, intereses encontrados y cierta desconfianza. Sin embargo, quizá no fuera tan excepcional, ya que, en general, la diplomacia norteamericana es de altísimo nivel. Ya tuve esta impresión con el famoso asunto de los cables filtrados por Wikileaks desde el año 2007. Parece que se ha olvidado que, entonces, miles de páginas de los cables de los embajadores de Estados Unidos por el mundo fueron publicadas, antes de ser desclasificadas, en medios como *The New York Times*, *The Guardian*, *Le Monde*, *Der Spiegel* y *El País*. Dado que su filtración era un delito, luego sus cabecillas han sido perseguidos y los documentos, bloqueados. Yo había pensado que en la era de Internet la diplomacia tradicional tendría mucho menos valor, ya que la Red permite hallazgos sobre tantísimas cosas. Pero, leyendo aquellos cables, quedé muy admirado de la profesionalidad, la perspicacia y la capacidad analítica de los embajadores estadounidenses, especialmente en países que yo creía conocer bastante bien y acerca de los cuales aprendí muchas cosas. Después he tenido la curiosa experiencia de comentarlo con algunos diplomáticos y periodistas en Washington y recibir su silencio, como si quisieran ocultar que ellos también los habían leído en su momento a pesar de su ilegalidad.

Periódicamente, aparecen investigaciones basadas en documentos recientemente desclasificados sobre asuntos que tuvieron lugar más de cuarenta años atrás. En España hay todavía secretos oficiales de asuntos de hace más de sesenta años cuyos participantes ya han fallecido (especialmente sobre la descolonización en África). La extraordinaria selección de uno de los diplomáticos norteamericanos que sirvieron en este país que Jorge Urdánoz nos muestra y analiza, debería animar a más investigaciones a aprovechar estos valiosos materiales.

Josep M. Colomer
Investigador asociado en la Universidad de Georgetown
en Washington y del Instituto de Ciencias Políticas y
Sociales de Barcelona. Autor del libro *La transición
a la democracia: el modelo español*

INTRODUCCIÓN
El espía que surgió de Harvard

El protagonista de este breve ensayo fue el hombre que más supo de todo aquel confuso y ya remoto tiempo que conocemos como «la Transición», así con mayúsculas. También es probable que fuera, aunque esto es solo una intuición, el creador del *mito de la Transición*, la persona que transformó los hechos acaecidos en España entre la muerte de Franco y la elección de Suárez en esa suerte de arquetipo platónico de acceso a la democracia que se elogia *urbi et orbi* y que se estudia en las facultades de Ciencias Políticas de todo el mundo. Un hombre que ni fue un político, ni fue un periodista, ni fue un académico y que, sin embargo, de alguna manera fue todas esas cosas y alguna más. Se llamaba Wells Stabler y, por no ser, ni siquiera era español. Fue el embajador extraordinario y plenipotenciario de Estados Unidos en España desde 1975 hasta 1978. Y fue también, sin lugar a dudas, un espía. Uno de los mejores.

Por supuesto, el tipo de espía que fue Stabler nada comparte con los James Bond o las Mata Hari que indefectiblemente acuden a nuestro imaginario al escuchar la palabra «espía». El espionaje al que se dedicaba ni siquiera necesitaba recurrir al elemento más propio de la labor que suponemos consustancial al informador, al confidente o al soplón, esto es: el secreto. Él espiaba abiertamente, sin necesidad alguna de ocultarlo. Sus fuentes conocían a la perfección cuál era su oficio y asumían que la información que le facilitaban iría a parar sin posibilidad de error a su jefe, que era nada menos que Henry Kissinger, el omnipotente ministro de Exteriores –o *secretario de Estado*, como dicen las confusas traducciones al uso– de Estados Unidos. De hecho, era precisamente por eso –qué deslumbrante rúbrica del significado de la expresión «poder» –por lo que se la proporcionaban–.

Las fuentes de Stabler, en efecto, acudían a él para agradarle, para recabar su beneplácito, para que constatara hasta qué punto estaban de su lado. Y no eran cualesquiera fuentes. Stabler almorzaba con el rey, con el presidente del Gobierno, con los ministros. Todos ellos le suministraban información, le relataban sus encuentros con otros, le adelantaban sus planes, su estrategia, sus objetivos. Pero el espionaje de Stabler no se reducía a eso. El personal de la embajada y los altos funcionarios de Estados Unidos destinados en España conformaban además toda una red de terminales cuyas conversaciones acababan yendo a parar a sus manos, para que él las analizara y enviara a Kissinger el informe correspondiente. Una red eficacísima y de ámbito nacional, puesto que la embajada recibía también información de los oficiales de los consulados estadounidenses en Barcelona, Bilbao y otras ciudades.

Esa eficacia supera con mucho el estereotipo que casi inevitablemente, más en plena Guerra Fría, rodea a la figura del embajador de Estados Unidos. Que compartiera mantel y confidencias con Juan Carlos I o con Adolfo Suárez entra dentro de lo esperable. Pero lo cierto es que los oídos de Stabler alcanzaban una longitud de onda muchísimo más amplia. Un par de muestras ayudarán a captar la verdadera dimensión de su red. En enero de 1977 tiene lugar en Moscú un «Congreso por la Paz del Mundo» auspiciado por la Unión Soviética. Los soviéticos invitan a Felipe González personalmente. Sería la primera vez que un líder del PSOE acude a Moscú desde la Guerra Civil. Se trata de un tema muy delicado, y en el partido deciden declinar la oferta y enviar en su lugar a Luis Yáñez, el encargado de los asuntos internacionales. Yáñez ha estado anteriormente en Estados Unidos y su presencia en la URSS no será, por ello, tan significativa. En el PSOE, con todo, hay reticencias y la cuestión acaba votándose internamente. Ramón Rubial y Enrique Múgica se oponen a la visita. Otros se abstienen. Al final, el viaje de Yáñez se aprueba. Todo esto –las reticencias, la votación, el sentido de cada voto de los dirigentes socialistas– lo sabe Stabler al día siguiente, y lo sabe de primera mano, porque su fuente no es otra que el propio Luis Yáñez, que se lo ha contado a un oficial de la embajada[1].

Unos días más tarde se reúne en Madrid, por primera vez, la «Comisión de los Nueve», el grupo que aglutinó a los representantes de toda la oposición democrática, desde la democracia cristiana de Ruiz Jiménez hasta el Partido Comunista de España de Santiago Carrillo, y que había sido creado como organismo de negociación con el Gobierno para todo lo relativo a la transición a la democracia: legalización de partidos, amnistía, ley electoral, etc. Al día siguiente, la prensa cuenta en las portadas vaguedades, pero Stabler tiene una fuente –Joaquín Satrústegui, del Partido Liberal– que le relata, con pelos y señales, los entresijos de la reunión a escasas horas de que esta haya concluido[2]. Los Nueve no lo saben, pero tienen a Stabler dentro. Lo tienen, de hecho, por duplicado: unos días más tarde, llega información de la reunión a través de otro de los Nueve, Antón Cañellas, líder de Unión Democrática de Cataluña[3]. Es como si el embajador de Estados Unidos hubiera colocado dos micrófonos en el corazón del órgano rector de la oposición a la dictadura.

Los tentáculos de Stabler llegan, en efecto, a prácticamente todo el espectro político de la España de la época. No hay, por razones obvias, fuentes del Partido Comunista, pero desde el PSOE hasta la derecha del régimen –Stabler, va de suyo, al-

---

[1] Cable 00231 MADRID, 12 de enero de 1977.
[2] Cable 00241 MADRID, 12 de enero de 1977.
[3] Cable 00330 MADRID, 14 de enero de 1977.

muerza también con Fraga, Silva y otros conservadores, con los militares, con la aristocracia, con las grandes fortunas– nada parece escapar a su radio de acción. Una excepción la constituye Torcuato Fernández-Miranda: es prácticamente el único gran actor de la Transición que no parece caer en las redes de la embajada estadounidense. Otra, la Iglesia católica. Es probable que el a fin de cuentas estadounidense Stabler no entendiera el tipo de institución que en aquella España constituía «la» Iglesia, acostumbrado, como estaría, a entender *church* como «confesión», tal como se traduce y, por tanto, entiende en las culturas anglosajonas: una asociación, algo parecido a una cofradía, que puede alcanzar una considerable influencia política, pero que pertenece en todo caso al ámbito de lo privado. En inglés no existe, o no existe con sentido, la expresión «*the* church». En España, por el contrario, *la* Iglesia era una realidad omnipresente. Quizá fue eso, quizá, simplemente, la embajada no trabajó con éxito ninguna fuente eclesial.

Sea de ello lo que fuere, hay dos grandes razones por las que el testimonio de Stabler sobresale con respecto a otros de la época. La primera ya se ha mencionado: la extensión de su red de tentáculos. Antes he dicho que Stabler fue el hombre que más supo de todo aquel confuso y ya remoto tiempo que conocemos como «la Transición». Una exageración, sin duda, ya que parece evidente que ese título le habría de corresponder al rey Juan Carlos. Pero, quitando a este último, no creo que la afirmación sea inexacta. Suárez supo más que Stabler, por supuesto. También él habría tenido acceso a fuentes de inteligencia españolas, sin duda más incisivas que las de Stabler, y también él habló con todo el mundo, pero solo a partir de julio de 1976, cuando fue nombrado presidente. En los ocho meses anteriores –que, como veremos, y aunque relegados por el relato al uso, resultan fundamentales–, Stabler supo mucho más que Suárez, que no era más que un simple ministro, sin acceso a otro conocimiento del entorno que sus contactos y sus habilidades personales, por lo demás extraordinarias. Esa ventaja temporal inclina, a mi juicio, la balanza hacia Stabler. Podría alegarse que Suárez se mantuvo en el poder más tiempo: Stabler fue cesado el 4 de mayo de 1978, mientras que Suárez dimitió el 29 de enero de 1981. Si afirmo que Stabler supo más que Suárez es porque voy a dar una importancia crucial al año 1976 –el *año casi exacto*, la *semilla de la Transición*, los *cimientos de todo*–, y, en ese año, la mitad del tiempo Suárez estuvo a oscuras, mientras que Stabler veía.

Por descontado, todo esto es en buena medida pueril. Quizá Stabler fuera la segunda persona con más información, quizá fuera la tercera o quizá la decimoquinta. No hay manera de dilucidar una cosa así, y no importa demasiado. Lo que no parece discutible es que sabía muchísimo. Y lo que torna a Stabler especialmente valioso no es solo el tamaño de su conocimiento, sino sobre todo el hecho de que tal conocimiento nos llegue envuelto en una textura prodigiosa que solo los espías pueden ofrecer al futuro. Esta es la segunda razón, más poderosa si cabe: la naturaleza de su testimonio.

Stabler murió en 2009. Dejó escritos un par de capítulos en obras colectivas, pero carecen de demasiada importancia. Su obra, como la de cualquier espía diplomático, son sus cables. Stabler no escribió libros, no escribió artículos, no escribió crónicas. Escribió cables. Miles y miles de cables. Cada día enviaba uno o varios teletipos al Ministerio de Exteriores estadounidense, esto es, a Kissinger. Esos cables o teletipos son su legado y son, por muchos motivos, un legado fascinante.

Lo son, en primer lugar, porque no fueron escritos para ser publicados, esto es, para ser conocidos por el público. Fueron escritos para el secreto, para la confidencia. Eran la información que Stabler creía más relevante para Kissinger –para el equipo de Kissinger en Washington, más bien–, pero ninguno de los dos imaginó jamás que algún día serían públicos. Actualmente el Gobierno de Estados Unidos desclasifica este tipo de documentación a los cuarenta años. Se encuentran colgados en internet, en «The National Archives» (me extiendo al respecto en un apéndice), en el denominado «Record Group 59: General Records of the Department of State. Central Foreign Policy File, 1973-1979», que incluye los teletipos emitidos desde 1973 hasta 1979. Ignoro si se han desclasificado ya, entiendo que sí, los de los años 1980 y 1981. Sin duda habrá en ellos información relevante sobre el golpe de Estado de Tejero. En todo caso, aquí no he consultado más que los relativos a los años 1975 a 1978. Los teletipos son de las embajadas de todo el mundo, no solo de la española. El sistema permite la búsqueda por palabras. Uno de los objetivos de este ensayo es llamar la atención sobre la importancia de los mismos.

La información que proporcionan los cables es valiosísima por lo que podemos denominar su *graniticidad*. Son escritos *graníticos* en el sentido de que, en lenguaje de telegrama, van al grano, sin concesión alguna a todo lo que no sea información pura y dura. Junto a esa *graniticidad*, rebosan relevancia. Si algo está en un cable, es porque es importante. La mejor manera de vislumbrar el tipo de conocimiento –relevante y conciso– que atesoran los cables es compararlos con la prensa. Los cables son el tipo de información que exigen y reciben los poderosos. La prensa es el tipo de información que recibimos los ciudadanos. Más adelante extracto el contenido de un teletipo que Stabler envía a Kissinger con la información sobre el diálogo mantenido entre Brandt –el líder socialdemócrata alemán–, un ministro del Gobierno de Bonn, Suárez y el rey. Contrastar ese cable con las divagaciones que en su día destacó la prensa sobre aquel encuentro constituye la mejor manera de vislumbrar el verdadero significado y alcance de la palabra *información*, la mercancía primordial de los espías y el bien más preciado por todos aquellos que atesoran el poder de decidir.

La relevancia de los cables ilumina, además, la diferencia entre el momento psicológico de una determinada decisión y su plasmación externa, que en muchas ocasiones ocurre posteriormente. Carrillo cuenta que, cuando por fin pudo hablar con Suárez, en aquella entrevista clandestina y mítica del 27 de febrero de 1977, le preguntó si estaban ahí para «hablar de política con "P" mayúscula o con "p" minúscula», y que Suárez le contesto a bocajarro que lo primero. La política con mayúscula tiene que ver con el momento psicológico en el que se configura una decisión y no, o no tanto, con el momento en el que se hace pública. Y eso es lo que Stabler nos ayuda a ver: la psicología de la política, el instante preciso y las razones reales por las que –por encima del momento posterior en que se hacen públicas, del recubrimiento jurídico que adopten y de los subterfugios que se deslicen como justificaciones– se toman determinadas decisiones.

Pero quizá el rasgo de la textura de los cables más extraordinario para nuestros ojos sea su temporalidad. El tiempo de los cables es el inmediato presente. Stabler escribe y emite los teletipos en el mismo día (o casi) en que acontecen los hechos que narra. Esta inmediatez elimina de raíz cualquier veleidad con respecto al sentido de los hechos. Un hecho es, desde cierto punto de vista ingenuo, algo objetivo, empírico e indiscutible. Pero esas cualidades que acompañan al hecho duran lo que dura el mismo hecho: un instante. Se agotan en la propia naturaleza contingente del acontecimiento. Si yo doy una palmada en el aire, eso es un hecho. Pero segundos después ese hecho ya no existe, y lo que queda es el relato del hecho. La he dado porque estoy alegre, o porque intentaba matar un mosquito, o porque quería avisar a alguien de algo. Los relatos ya no son ni objetivos, ni empíricos, ni indiscutibles. Son una creación del sujeto que narra. Cuanto más lejano se encuentre el hecho en el tiempo, más espacio habrá en el relato para la memoria, para la subjetividad, para la creación de sentido.

Al contrario que los discursos políticos, las entrevistas o los libros de memorias, los cables de Stabler, aunque sin duda albergan intereses y, por tanto, subjetividad, carecen de tiempo para nutrir sentido alguno. Acontecen y Stabler los registra. Son reacios a encajar en cualquier tipo de recreación de sentido elaborada *a posteriori*. El hecho está ahí y quizá choca con el relato dominante. Es precisamente cuando eso ocurre, cuando la lectura de los cables produce cierta disonancia con respecto a las narraciones al uso –unas narraciones que, en muchos casos, se mantienen tras más de cuarenta años–, cuando los cables revelan información especialmente significativa.

Por si todos esos rasgos, en buena medida consustanciales al tipo de información propio de los cables diplomáticos, no fueran suficientemente valiosos, a ello se ha de añadir la agudeza e inteligencia que en todo momento desprenden las observaciones y los comentarios del propio Stabler, que se había formado en Harvard, donde se graduó en algo que hoy llamaríamos Ciencias Políticas. Ignoro si su nivel de formación y conocimientos es, o era, el habitual en el cuerpo diplomático estadounidense, si fue o no alguien que destacó especialmente por su capacidad de trabajo, por su implicación en la actualidad del país en el que se encontraba destinado y por sus habilidades interpretativas. Pero, a lo largo de la lectura de los cables, Stabler demuestra un olfato y una inteligencia sobresalientes que hacen que, junto a la información objetiva que proporciona, sus propios comentarios personales, añadidos en muchos casos como un párrafo final del teletipo, sean en ocasiones lo más relevante de los mismos.

Este breve ensayo lo conforman cuatro capítulos. En el primero, la información proporcionada por los teletipos de Stabler nos desvela una nueva tesis –creo que mucho más congruente que la habitual– a la hora de explicar el origen del modelo representativo bicameral español, un modelo que llega hasta nosotros y bajo el que votamos y decidimos todavía hoy. En el segundo utilizo los cables para desmontar la interpretación habitual sobre las razones por las que Suárez legalizó, en abril de

1977, el Partido Comunista de España (PCE). Aquí se trata de asumir la importancia del marco interpretativo en el que se colocan los sucesos. Hay un marco personalista, basado en buena medida en anécdotas cuasi noveladas, que debería ser incompatible con la enseñanza de la Historia, pero que se encuentra muy extendido, en especial en ciertos estudios sobre la Transición, y la perspectiva netamente política de Stabler ayuda a desvelar, por mero contraste, los contornos de ese marco y a iluminar su impertinencia. El tercer capítulo llama la atención sobre la trascendencia del año 1976 y sobre la verdadera medida de la capacidad con la que las elites franquistas dirigieron todo el proceso y condicionaron las estructuras democráticas resultantes. El cuarto concluye con un breve comentario sobre el potencial alcance del conocimiento que atesoran los miles y miles de cables de Stabler para los estudios sobre nuestro pasado.

Una última consideración. Todas las traducciones de los cables son mías y, cuando los cito, lo hago en mayúsculas, tal como aparecen en los teletipos originales.

CAPÍTULO I

La leyenda electoral

Hagan ustedes las leyes y déjenme a mí
los reglamentos.

Romanones

Hay dos grandes versiones con respecto al origen de nuestro sistema electoral. Cada una de ellas, a su vez, encierra una concepción diferente sobre la naturaleza de tal sistema electoral. Según la primera, el sistema electoral proporcional –una absoluta novedad en nuestra historia constitucional, que hasta 1977 había conocido tan solo sistemas de los denominados «mayoritarios», que fomentaban la polarización y explicaban en buena medida nuestra triste suerte política– fue una concesión, en aras del consenso, del Gobierno de Suárez a la oposición democrática. Según la segunda, el sistema electoral proporcional –que en realidad no es realmente proporcional, sino que oculta una naturaleza esencialmente «mayoritaria» y, por tanto, bipartidista– fue una artimaña de Suárez, que engañó a la vez a la oposición democrática y a la derechista Alianza Popular de Fraga, y que gracias a ese engaño logró aprobar un procedimiento que le beneficiaba enormemente, sesgando las urnas a su favor.

Se habrá observado, pero no está de más señalarlo: ambas grandes y antagónicas versiones son como dos hijas legítimas y bien criadas de las a su vez dos grandes y antagónicas versiones que existen con respecto a la Transición en su conjunto. Para unos, lo que aconteció entonces fue un proceso modélico en el que las elites partidistas y el pueblo español, imbuidos de un

21

metafísico y celestial consenso, lograron obrar algo parecido a un milagro político, un milagro que todavía hoy, casi cincuenta años después, configura un espejo en el que deberíamos seguir intentando reflejarnos, como demuestra el hecho incontestable de que, a lo largo de tales casi cincuenta años, en él se han reflejado e inspirado a su vez no pocas transiciones a la democracia en otros países del mundo. Aquí el espejo es un modelo. Para otros, sin embargo, aquello no fue otra cosa que una operación política organizada desde las estructuras del aparato franquista, una suerte de reforma o lavado de cara más o menos superficial que no rompió del todo con las inercias de la dictadura franquista y que dejó muchas cosas, demasiadas, ancladas en el pasado. Aquí el espejo es un fraude.

Tengo mis reparos con respecto a esta suerte de presentación de la cuestión –la «Transición inmaculada» contra la «Transición putrefacta», como ha escrito Jordi Gracia–, porque el simplismo del que brota y la contraposición dicotómica y binaria que reproduce creo que perjudican especialmente, en su mero despliegue y en la composición de lugar que dibujan, además de a la propia disposición a acercar posturas, que por supuesto, a una de las dos versiones. Pero eso no me interesa ahora. Lo que me interesa es la sospechosa unanimidad que encierran ambas alternativas interpretativas. Cada una de ellas alberga en su interior, al modo de una muñeca rusa, un juicio definitivo tanto sobre el origen del sistema electoral como sobre la naturaleza del mismo o sobre la esencia de la Transición en su conjunto. Si la Transición fue modélica, entonces a su vez lo tuvo que ser también la decisión sobre el sistema electoral, que resultó y resulta benéfico. Si fue pecaminosa, la adopción de ese sistema hubo de estar viciada y el sistema que todavía perdura es una lacra. Demasiada coincidencia con respecto a cuestiones que, después de todo, bien podrían merecer reproches o halagos diferenciados. El viejo pecado del faccionalismo, del banderío, de aquel «hábito mental tan extendido que afecta a nuestras ideas sobre casi cualquier tema, pero que aún no tiene nombre», que denunció Orwell. Un hábito que se parece mucho a una suerte de «pensar sin fisuras», sin contradicciones, sin máculas, pero que no es tanto un pensar como un abrazar de modo emocional y, por tanto, inconsciente una determinada decisión o postura y dedicarse, a partir de ahí, a justificarla. Primero es el abrazo, luego el pensar, por eso ese pensar es ya, en sí mismo, una suerte de emoción. Pero no nos desviemos.

De las tres cuestiones –la esencia de la Transición, la naturaleza del sistema electoral, el origen del mismo–, la que nos interesa aquí es la tercera. El modelo representativo que entonces se adoptó y que llega hasta hoy, ¿fue una generosa cesión al consenso o un ardid de Suárez? Hasta hace muy poco –hasta descubrir a Stabler, de hecho–, yo estaba convencido de lo segundo. La razón era, sobre todo, un artículo fascinante y luminoso de José Ramón Montero e Ignacio Lago, dos de los mayores especialistas españoles en sistemas electorales, titulado «Todavía no sé quiénes, pero ganaremos. Manipulación política del sistema electoral español»[1]. El texto, un clásico en la producción politológica reciente, se sustentaba en buena medida en una cita de Óscar Alzaga. Una cita tan redonda, tan acabada y tan inusitada, por lo que supone de reconocimiento de la manipulación del sistema representativo de todo un país por parte de uno de los propios autores de tal manipulación, que se ha de presentar íntegra. Dice así (las cursivas son mías):

El sistema electoral español es absolutamente original, e infinitamente más original de lo que parece a primera vista, y es bastante maquiavélico. Es original. Lo es porque el procedimiento se basa en la Ley de 1908, y es bastante maquiavélico porque la ley

---

[1] José Ramón Montero Gibert e Ignacio Lago Peñan, «Todavía no sé quienes, pero ganaremos. Manipulación política del sistema electoral español», *Zona abierta* 110-111 (2005), pp. 279-348.

actual es esencialmente una reproducción del Decreto Ley del 77, y *tal Decreto*, formalmente pactado por el Gobierno predemocrático con las fuerzas de la oposición, *fue elaborado por expertos, entre los cuales tuve la fortuna de encontrarme, y el encargo político real consistía en formular una ley a través de la cual el Gobierno pudiese obtener mayoría absoluta.* Puesto que los sondeos preelectorales concedían a la futura Unión de Centro Democrático un 36-37% de los votos, se buscó hacer una ley en la que la mayoría absoluta pudiese conseguirse con alrededor del 36-37%. Y, con un mecanismo que en parte favorecía a las zonas rurales, donde en las proyecciones preelectorales UCD era predominante frente a las zonas industriales, en las que era mayor la incidencia del voto favorable al Partido Socialista[2].

La redacción es un tanto errática –como veremos, lo es porque no se trata de un texto escrito por el propio Alzaga, sino de la transcripción de una conferencia–, pero no deja lugar a dudas: el Gobierno de UCD (es decir, Suárez) ideó un sistema electoral para poder conseguir una mayoría absoluta con un 36% de los votos. Un sistema maquiavélico que, en 1989, cuando Alzaga pronunció su conferencia, seguía vigente, como lo seguía en 2005, cuando Montero y Lago escriben su artículo, y como lo sigue hoy, en 2024, mientras escribo estas líneas. Un sistema electoral que el propio Peces Barba –uno de los siete «padres» de la Constitución– dejó escrito que en realidad era preconstitucional, porque fue, en efecto, diseñado en 1976 –el *año casi exacto*, la *semilla de la Transición*, los *cimientos de todo*– y un sistema electoral cuyo origen sigue, a pesar del tiempo trans-

---

[2] Óscar Alzaga, «I rapporti tra Capo dello Stato, Governo e Parlamento», *X anniversario della Costituzione Spagnola: bilancio, problemi, prospettive: Atti del Convegno organizzato a Pontignano dalla Facoltà di Scienze Economiche e Bancarie e dal Centro de Estudios Constitucionales (4-5 novembre 1988)*, Siena, Centro Stampa della Facoltá di Scienze Economiche e Bancarie, 1989, pp. 127-128.

currido, oculto en las brumas de esa época mítica y mitificada que conocemos como la Transición.

En el año 2013 aconteció en las páginas de *El País* una pequeña discusión muy representativa del choque entre las dos versiones sobre el origen de tal sistema electoral, que son a su vez las dos versiones sobre la naturaleza del mismo y sobre la esencia de la Transición. El 3 de julio yo había publicado que «para Suárez y los suyos no fue en absoluto *sorprendente* el 34% de votos logrado en 1977. Es todo lo contrario: ellos ya sabían por las encuestas encargadas desde el Gobierno que solo les iba a votar un 34% del electorado, y por eso lo que hicieron fue pergeñar una ley electoral que les otorgara una mayoría absoluta con solo un tercio de los votos. Esa ley manipulada funcionó estupendamente, pues lograron el 47% de los escaños y, por tanto, el poder. Y tal manipulación tardofranquista sigue vigente: es nuestro sistema electoral, el mismo que PP y PSOE no se cansan de defender en pleno 2013»[3]. Unos pocos días después me respondió, también en *El País*, el catedrático de Historia Juan Francisco Fuentes: «No sé a qué encuestas se refiere el señor Urdánoz, pero, desde luego, las que manejaba el Gobierno de Adolfo Suárez no daban ese resultado. En todo caso, si la teoría conspirativa del señor Urdánoz fuera cierta, no se entendería por qué se optó por un sistema proporcional corregido y no por uno mayoritario, como quería Manuel Fraga. Ese sí que le hubiera dado la mayoría absoluta a UCD. Hay otro pequeño detalle que no encaja en su interpretación. El modelo electoral –proporcionalidad, circunscripción provincial, etcétera– se fijó en la Ley para la Reforma Política de diciembre de 1976, cuatro meses antes de la creación de UCD. La teoría de que primero se hicieron las encuestas y luego la ley electoral para favorecer a UCD parece, por tanto, difícil de sostener»[4].

---

[3] *El País*, 9 de julio de 2013.
[4] *El País*, 16 de julio de 2013.

Volví al ataque. Contesté diciendo, primero, que era evidente que Suárez sí había manipulado el sistema electoral y que tal cosa estaba demostradísima (ahí cité a Alzaga, que había confesado la manipulación en una conferencia, y me remití al artículo de Montero y Lago, en el que le decía al profesor Fuentes que encontraría «apabullante documentación» al respecto). Alegué, tras ello, que, aunque era cierto que UCD no existía en 1976, en el fondo daba bastante igual, porque Suárez y los suyos, como grupo y, por tanto, como núcleo de poder y de intereses, ya existían en 1976, y, por consiguiente, primero diseñaron el sistema a su favor y solo después se bautizaron a sí mismos como UCD y se beneficiaron de él. Y argüí, por último, que el sistema mayoritario, aunque ciertamente hubiera favorecido a Suárez, ya que era el favorito en las encuestas y se hubiera visto sin duda beneficiado, no era una posibilidad real, porque la oposición no lo hubiera aceptado.

Así quedó la cosa. Fuentes ya no insistió o, si lo hizo, el periódico no publicó su réplica. En un sentido meramente ordinal, tuve la última palabra. Sin embargo, las objeciones de Fuentes eran razonables, lo suficientemente razonables como para que yo volviera a ellas de vez en cuando; como si la consistencia de mis razones, que yo no ponía en duda, no fuera con todo suficiente para acabar con la lógica interna de las suyas, aunque unas y otra fueran incompatibles. Así me quedé, hasta que en el año 2016 conocí al propio Óscar Alzaga. Ese fue el principio de todo un resquebrajamiento de la teoría que hasta entonces yo había venido defendiendo por tierra, mar y aire, y que, de pronto, hacía agua por todos lados.

Aquel año me había propuesto escribir un artículo científico sobre el origen del sistema electoral y estaba documentándome. Me entrevisté con Alzaga grabadora en mano. Para mi sorpresa, me dijo que la cita no era suya. O, mejor, que la cita era un malentendido. Yo repuse que era imposible, que la cita se encontraba publicada en las actas de un congreso de la Universidad de Siena, en un capítulo firmado por él mismo, en 1989, y que yo la había leído directamente, no de segunda mano, lo que era rigurosamente cierto. Además, la cita era ya famosa entre los especialistas en sistemas electorales y había sido trascrita infinidad de veces, no solo en revistas especializadas, sino en artículos de prensa, páginas web e innumerables debates –por entonces muy en boga– sobre el sistema electoral español. De hecho, la repercusión de la cita era tal que había sido traducida al inglés, en artículos científicos escritos para una audiencia internacional, y las traducciones eran hasta tres, y no idénticas, lo que indicaba que cada una había sido obra de un especialista diferente. Que frente a toda esa evidencia científica, de nuevo apabullante, el propio Alzaga se desdijera y afirmara que la cita no era suya constituía un disparate.

El veterano político me escuchó sosegadamente y, tras ello, avanzó sus razones. La cita era suya, pero, a la vez, no lo era. En 1989, él acudió invitado, en efecto, a ese congreso en la Universidad de Siena. Y dictó una conferencia, que se publicó en las correspondientes actas. Pero la cita en cuestión no pertenecía exactamente a su conferencia, que él había llevado escrita y que los servicios de la universidad se encargaron de traducir del castellano al italiano. La cita pertenecía al debate posterior con el público. Y ese debate, lógicamente, no lo llevaba escrito, y él asumía que fue transcrito por algún asistente –probablemente un becario de la universidad– y que era posible cierta inexactitud entre lo que él dijo, en español, y lo que el incierto becario recogió sobre la marcha y tradujo al italiano.

Me pareció que aquello no se sostenía por ningún lado, así que, al volver a casa, lo primero que hice fue consultar las actas de Siena y verificar la cita. La conferencia de Alzaga estaba en las páginas 69 a 82. Pero la cita estaba a caballo entre las páginas 127 y 128, en un apartado titulado «Intervenciones», sin duda referido al debate posterior. De hecho, las primeras palabras de Alzaga en su intervención, a las que jamás había prestado la menor atención, eran nada menos que «vorrei esordire riconoscendo che temo di no aver colto una serie di sfumatore nel gioco delle due lingue e siccome forse non parlo l'italiano, né lo capisco cossi bene come il nostro buon amico Gómez-Ferrer, dubito di aver captato perfettamente tutte le allusioni che mi sono state rivolte». Esto es, «me gustaría empezar reconociendo que me temo que no he entendido una serie de matices en el juego de los dos idiomas, ya que ni hablo italiano, ni lo entiendo tan bien como nuestro buen amigo Gómez-Ferrer, y no creo que haya captado perfectamente todas las alusiones a las que me he ido enfrentando». La versión de Alzaga tenía sentido.

Pero, a la vez, no lo tenía. Por muy inexacta que hubiera sido la trascripción de sus palabras, había elementos que el hipotético becario italiano no podía haberse inventado sin más. Alzaga decía allí que él fue uno de los expertos que elaboró la ley. Decía que la ley estaba manipulada para beneficiar a Suárez. Decía que Suárez manejaba encuestas que le daban un 36% de los votos. Decía que el meollo de la manipulación consistía en sobrerrepresentar a los entornos rurales, más conservadores, e infrarrepresentar a las grandes ciudades y a sus cinturones industriales, más progresistas. Todo aquello era, en líneas generales, cierto y, con mayor o menor exactitud idiomática, era evidente que lo tenía que haber dicho Alzaga y no un nebuloso universitario sienés.

Al modo cartesiano, fui desmenuzando metódicamente las diferentes afirmaciones contenidas en la cita, intentando descubrir qué había ocurrido realmente. Dos de ellas –que la ley beneficiaba a Suárez y que la estrategia era tan simple como dar más poder de voto a unos españoles, los de las provincias pequeñas, que a otros, los de las grandes ciudades– eran lugares comunes, axiomas tan evidentes que no presuponían ningún tipo de participación en el diseño del sistema electoral para ser afirmadas. Eran cosas que ya por aquel entonces se enseñaban en primero de Ciencias Políticas y que, en consecuencia, ni nada aportaban, ni concedían a Alzaga o a su cita ningún tipo de autoridad al respecto.

La alusión al 36% de los votos, por otro lado, cuando se profundizaba un poco en ella y se abordaba desde el lado de la sospecha y no desde el de la mera asunción acrítica, adquiría todo el aspecto de ser un *vaticinium ex eventu*. Este tipo de vaticinios, habituales en los textos bíblicos, aluden a profecías que se cumplen debido a que en realidad son lanzadas *a posteriori*, esto es, cuando el autor ya conoce lo que ha ocurrido. Se trata, en el fondo, de algo tan sencillo como profetizar el pasado. Un vaticinio *ex eventu* clásico es el de Lucas 21, 20: «Cuando viereis a Jerusalén rodeada de ejércitos, sabed entonces que su destrucción ha llegado». El evangelista pone estas palabras en boca de Jesús y, por tanto, en torno al año 30. La destrucción por los romanos de Jerusalén y del segundo Templo aconteció en el 70. El hecho de que el autor del versículo conozca tal destrucción y haga que Jesús la profetice señala a los investigadores de la Biblia que ese versículo, y probablemente todo el evangelio de Lucas, es posterior al año 70.

Con Alzaga ocurría lo mismo. El 15 de junio de 1977 Suárez obtuvo un 34,4% de los votos. Alzaga habla de un 36%, que es prácticamente lo mismo. Pero Alzaga se propulsa, en su cita, a un tiempo anterior a ese 15 de junio de 1977 y nos hace ver que ellos –Suárez, él y los otros «expertos» que forjaron el sistema electoral en 1976– *sabían* que iban a conseguir ese porcentaje exacto de votos y, por tanto, apretaron las tuercas y los tornillos necesarios para que, convenientemente ajustado, el sistema electoral concediese a UCD una mayoría absoluta con ese escrupuloso 36% que *sabían* que iban a obtener. La manipulación de un sistema electoral, sin embargo, no funciona así. Esto es, no funciona a partir de una estimación de las cosas tan precisa, tan redonda, tan perfecta: un 36% de los votos, exactamente. Ni siquiera hoy en día, con el descomunal desarrollo de los procedimientos demoscópicos de las últimas décadas, las encuestas son capaces de afinar tanto y mucho menos de acertar entre lo pronosticado y lo efectivamente conseguido, como resulta evidente tras cada cita con las urnas. Que Alzaga colocara en la cabeza de Suárez, en 1976, el porcentaje prácticamente exacto de votos que logró en 1977 probablemente no señala un recuerdo, sino más bien una recreación: señala que Alzaga, que en 1989, en la Universidad de Siena, conoce tal porcentaje –tal como como quien quiera que hubiera escrito el Evangelio de Lucas conocía la destrucción de Jerusalén y del segundo Templo–, lo está desplazando hacia el pasado, para que la profecía –que no es una profecía sino un *vaticinium ex eventu*, si bien ambas cosas resultan a la postre muy parecidas, pues existen solo como giradas hacia el futuro y atadas a él– se cumpla.

Todo eso resultaba posible, de acuerdo, pero todavía quedaba en pie el escollo más evidente, del todo insalvable: Alzaga no solo reconocía la manipulación, sino que se incluía entre sus muñidores. El sistema electoral «fue elaborado por expertos, entre los cuales tuve la fortuna de encontrarme», afirmaba literalmente. Ese ostentoso *mea culpa* no podía haber salido de los conflictos de traducción de ningún estudiante sienés. Era imposible que Alzaga pudiera escabullirse de una autoinculpación de ese calibre… pero lo hizo, y con notable coherencia, además.

La parábola que dibujó aquí la argumentación de Alzaga, ya en nuestra segunda conversación, bascula sobre dos conceptos: el de sistema electoral, por un lado, y el de procedimiento electoral, por otro. El procedimiento electoral tiene que ver con la veracidad del escrutinio. Su enemigo es el pucherazo, el tongo, la trampa. El procedimiento electoral español es, desde 1977, intachable. Los resultados publicados tras cualquier cita con las urnas son absolutamente veraces. Los episodios de fraude electoral –difuntos que votan y cosas así–, aunque existen en algún grado, son del todo anecdóticos y jamás han tenido la más mínima repercusión política. El escrutinio refleja con exactitud los votos realmente emitidos por los electores. Últimamente, con Twitter, se escuchan a veces historias de terror que afirman que los datos de una determinada elección se han falsificado, que la empresa privada que se ocupa de su gestión los puede haber adulterado, etc. Pero son perfectas teorías conspiranoicas, sin base ni fundamento alguno. En España no hay fraude, el procedimiento electoral es uno de los más garantistas del mundo y nadie mínimamente informado pone en duda la veracidad del escrutinio que las autoridades publican.

Otra cosa, sin embargo, es el sistema electoral. El cardenal Richelieu dejó escrito algo así como «dadme un párrafo escrito de puño y letra del hombre más honrado del mundo y encontraré un motivo para colgarlo». Pues bien, el sistema electoral puede hacer más o menos lo mismo con cualquier escrutinio. Es el encargado de convertir una concreta emisión de votos en un reparto de escaños. Hay dos grandes modos de ejecutar esa conversión, el mayoritario y el proporcional, pero, en el interior de cada una de esas grandes posibilidades, caben infinitas variaciones. Aquí el problema no es el fraude, es la manipulación. Un sistema electoral puede estar manipulado para que beneficie a alguien, normalmente a quien en ese momento tiene el poder de imponer el sistema. Y todo es perfectamente legal, por supuesto. Si yo estoy en el Gobierno y puedo aprobar un sistema electoral, es probable que no tome la misma decisión en caso de que las encuestas me sitúen primero en intención de voto, en cuyo caso un sistema mayoritario me dará todo el poder, que en caso de que las encuestas me coloquen en cuarto lugar, en cuyo caso un sistema proporcional me dará la proporción de poder que me corresponda, que no será demasiada, pero al menos no me borrará del mapa. Todo esto es, sobra decirlo, muchísimo más enrevesado, y las posibilidades de manipulación de las que disponen los políticos son inmensas y, en buena medida, complejísimas. Pero, de momento, con esta somerísima distinción entre procedimiento y sistema nos bastará.

Lo que Alzaga alegó frente a mi insistencia con respecto a su cita fue que, cuando él se situaba a sí mismo entre los «expertos» que elaboraron el sistema electoral, no se refería en realidad al sistema, sino al procedimiento. Inicialmente, tal cosa carecía de mucho sentido: en su cita, Alzaga habla de elementos que son propios del sistema electoral (habla de manipulación, habla de porcentajes, habla de sobrerrepresentación de unos ciudadanos frente a otros, habla del encargo real que el Gobierno de Suárez pretendía con tal sistema), y no menciona ni un solo elemento atribuible al procedimiento (los apoderados, los interventores, las urnas de cristal, las actas de escrutinio, las garantías judiciales del proceso, etc.). Además, que Alzaga hubiera callado durante casi 30 años y que solo ahora, de un modo algo inopinado, se desdijera de sus palabras, era muy sospechoso. Dije que lo manipulé, sí, pero ahora digo que no. Por motivos evidentes, una cosa así no se habría sostenido y, de hecho, hubiera acentuado más bien las sospechas de que todo aquello era cierto.

Pero, más allá de eso, y con independencia de la mayor o menor coherencia de las palabras que Alzaga hubiera formulado en una universidad italiana hace casi treinta años, lo cierto es que –por fuera de la propia cita, por así decir– las piezas iban encajando sin sombra de duda. Él fue el padre del procedimiento electoral, cierto, pero no estuvo en la cocina del sistema.

Fue el padre –uno de los padres, más bien, aunque sin duda el principal– del procedimiento electoral. De hecho, tras nuestras conversaciones, Alzaga publicó en 2018 un texto en el que aclaraba todo aquello. En él explica cómo, en 1974, con Franco todavía vivo, el Gobierno de Arias Navarro le había encargado un borrador de ley electoral que, en realidad, lo era de procedimiento electoral[5]. Alzaga y sus colaboradores elaboraron entonces todo un decreto, de ocho títulos y 109 artículos, que entregaron –previo pago, pues ellos no formaban parte del Gobierno franquista– al Ministerio de Justicia de la época. Todo

---

[5] Óscar Alzaga, *Sociedad democrática y Constitución*, Madrid, Marcial Pons, 2018, pp. 161-208.

ese articulado apareció luego, en 1977, integrado en la ley electoral de Suárez y, en ese sentido, Alzaga podía afirmar haber participado, como experto, en la elaboración de la ley. Pero, con respecto al sistema, Alzaga no aparecía por ningún lado. En mi investigación sobre el origen del sistema electoral no había ni una sola mención a Óscar Alzaga que lo situara ni remotamente en el epicentro decisional de aquello. Durante el franquismo, Alzaga no solo no estuvo en las estructuras gubernamentales, sino que fue un opositor demócrata-cristiano al régimen; de hecho, en el año 1969 fue confinado en Soria como represalia por esas actividades de oposición. En las primeras elecciones de 1977 fue el número 12 de la lista de UCD por Madrid, sin resultar elegido. Luego, a finales de año, la lista corrió y accedió a su escaño en enero de 1978. Desde ahí, en su calidad de catedrático de Derecho constitucional, participó activamente en la elaboración de la Constitución de 1978. Pero en otoño de 1976, que es cuando se diseñó el sistema electoral, Alzaga estaba en la oposición, no en el Gobierno.

La cita de Alzaga, por tanto, carecía de validez empírica alguna. De las dos cosas que ahí afirmaba –que el sistema estaba manipulado y que él estaba entre los expertos que lo habían manipulado– en el fondo lo único relevante era lo segundo. De hecho, era lo que convertía su cita en algo inédito en el mundo. Es prácticamente imposible demostrar de modo fehaciente –más allá de cualquier duda razonable, como suele decirse– que un determinado sistema electoral ha sido manipulado. El Gobierno podrá alegar siempre unas u otras razones elevadas, radicadas en el interés general, para justificar su decisión. Si esta ha sido motivada por esas razones o lo ha sido por el propio interés electoralista, no hay manera de demostrarlo, porque se trata de algo que pertenece al nebuloso mundo de las «verdaderas intenciones», y a ese mundo no se puede acceder desde fuera.

Que Alzaga renegase de su autoría significaba que, en cuanto a la certeza, estábamos como todos los demás países. Con la cita de Alzaga, el caso español podía presentarse al mundo como un ejemplo de manipulación perfecto, precisamente porque esta se reconocía. Sin Alzaga, volvíamos a lo de siempre: puede haber indicios solidísimos de manipulación, pero jamás habrá pruebas fehacientes. No mientras no podamos acceder a las verdaderas intenciones. Y eso, en un contexto perfectamente político como es el del sistema electoral, aboca de modo casi inevitable al banderío: cada uno creerá a los suyos y no habrá manera humana de sacarlo de ahí.

Entonces descubrí a Stabler.

Estoy casi seguro de que llegué a él a través de un artículo de Charles Powell sobre las relaciones de España con Estados Unidos durante la Transición[6], en el que venía un enlace a la web en la que se alojaban, y se alojan, todos los cables. En dicho texto, Powell se fijaba en ciertos teletipos de la embajada de Estados Unidos que tenían que ver con la política exterior española durante aquellos años. Pero el caso es que la web permite buscar por palabras y por fechas, y yo busqué todo lo relativo al sistema electoral («proportional representation», «districts», «electoral law», etc.) en 1976 y en los años posteriores. Me costó bastante –meses y meses– organizar toda la información obtenida, pero, al final, el resultado de todo aquello no dejaba en buena situación a la versión oficial. Porque, recordemos, sobre el origen del sistema electoral hay dos versiones: la crítica, que veía manipulación, y la oficial, que veía acuerdo y consenso. La renuncia de Alzaga le había atestado un golpe considerable a la versión crítica. Una versión que, con todo, seguía en pie, ya que los indicios de su veracidad no se reducían a Alzaga. La segunda versión, la oficial, salía favorecida. Pero a esta los cables de Stabler no la dejaban en muy buen lugar.

---

[6] Charles T. Powell, «España y Estados Unidos durante la transición», *Claves de Razón Práctica* 211 (2011), pp. 4-13.

La versión oficial sobre el origen de nuestro sistema electoral se debe casi por entero a las memorias de un hombre, Alfonso Osorio, que fue el vicepresidente de Suárez y su mano derecha durante los primeros meses de su primer gobierno. De hecho, tanto es así que, en julio de 1976, cuando el rey destituye a Arias Navarro y, para sorpresa de todo el mundo, nombra presidente a Suárez, este último no tiene a quien recurrir para formar el gabinete, y es Osorio el que le proporciona una lista de nombres con los que puede contar. Osorio es, ante todo, un monárquico, una persona leal al rey. Sus memorias, publicadas en 1980, llevan por título *Trayectoria política de un ministro de la Corona*, y eso ya lo dice todo. Suárez es, también y especialmente entonces, los primeros meses, completamente leal al rey, pero no es monárquico en el sentido en el que lo es Osorio. Osorio lo es por convicción, Suárez lo es porque en ese momento su avidez y su instinto políticos, su ambición y su ansia de poder –que constituyen en él lo más parecido que existe a un ideario– le llevan a ser monárquico. Pero en Suárez no hay convicciones ideológicas, hay solo una manera de estar en el juego de lo político y de desenvolverse en él con una maestría y un olfato inigualables. Algo que, aunque sin duda prefigura un rasgo moral negativo a nivel personal, acabará transformándose en una bendición política a nivel general.

Pero decía que la versión oficial la establece Osorio, quien afirma que el sistema electoral fue pactado por Suárez con la oposición democrática, que no hubiera aceptado un sistema mayoritario. Y afirma también que Suárez, en aras del pacto y del consenso, se jugó el todo por el todo y defendió con uñas y dientes, frente a los procuradores franquistas, ese sistema electoral proporcional porque sabía que era algo exigido por la oposición, en lo que configuró uno de los momentos más decisivos, sino el que más, de toda la Transición. Todo esto, sin embargo, es algo más complejo y exige cierta composición de lugar.

Estamos a finales del verano de 1976. Podemos distinguir, de derecha a izquierda, tres grandes grupos de jugadores. Tenemos por un lado a Fraga, líder de Alianza Popular, un muy numeroso grupo de procuradores franquistas situados claramente a la derecha. En el centro está el Gobierno de Suárez, apoyado por el rey y por Torcuato, que en ese momento es presidente de las Cortes. A la izquierda tenemos a la oposición democrática. En el interior de la misma, también de derecha a izquierda, están los liberales, los demócrata-cristianos y los socialistas. En los extremos exteriores de este eje hay también otros jugadores: a la derecha está el búnker, a la izquierda el Partido Comunista. No se ha de entender que el eje dibuja algún tipo de escala democrática, ya que, mientras que el búnker es partidario de la permanencia de la dictadura, el Partido Comunista tan solo quiere urnas, y, por tanto, entre ambos media un abismo democrático. Tampoco se ha de entender una correlación precisa entre el eje y las coordenadas habituales de la izquierda y la derecha: en un universo normal, ese Gobierno de 1976 sería derecha, no centro; los liberales y demócrata-cristianos serían centro derecha o centro, no izquierda, etc. Pero, hechas esas salvedades, la composición resultará útil para avanzar.

Los tres grupos mencionados tienen preferencias muy diferentes con respecto a un hipotético futuro sistema electoral. Fraga y los suyos quieren uno de distritos uninominales, del tipo británico. Este tipo de sistemas recibe normalmente el nombre de «mayoritario», pero yo estoy convencido de que no lo son, o de que, en todo caso, no son ni remotamente «más mayoritarios» que los denominados «proporcionales», por lo que no les concederé el honroso nombre de «mayoritarios» y los denominaré sistemas «uninominales». La oposición quiere un sistema proporcional. Lo que quiere el Gobierno es algo que nos va a demostrar, casi cincuenta años después, Stabler, pero lo que es indiscutible es que Suárez, en septiembre, presenta ante las Cortes de la época un proyecto que menciona explícitamente la expresión «criterios de representación proporcional» y que en ningún momento menciona a las provincias como circunscripciones.

La estrategia de Suárez pasa por conseguir que tales Cortes –una cámara compuesta por 531 procuradores cooptados por las propias instituciones de la dictadura– aprueben un texto –la Ley para la Reforma Política– que supone el suicidio institucional del franquismo, pues abre la puerta a unas elecciones democráticas libres en las que con toda seguridad no todos esos 531 procuradores van a revalidar su mandato. Es evidente que el rey, las democracias europeas, Estados Unidos y, sobre todo, la inmensa mayoría de la población española apoyan decididamente el proceso. Una vez que las Cortes concedan su *nihil obstat* a la Ley para la Reforma, se procederá a llevarla a referéndum, de tal manera que el pueblo español se pronuncie. Y, una vez refrendada por la ciudadanía, la propia ley posibilita las primeras elecciones en cuatro décadas, unas elecciones a las que la oposición democrática ha de concurrir, porque, si no, todo aquello no será otra cosa que una monumental pantomima.

El mayor obstáculo era lograr que esa ley que acababa con el franquismo fuera aprobada por los propios jerarcas del franquismo, y para ello los ministros de Suárez van a desplegar todo un conjunto de estrategias, a cada cual más expeditiva: a los procuradores que saben que son más afectos al régimen les pagan suculentos viajes «de trabajo» a Panamá y Cuba, de tal modo que no estén presentes en la votación; Torcuato establece el voto nominal, no secreto, de manera que cada procurador tenga claro que tanto el rey como la ciudadanía van a ser muy conscientes del sentido de su voto; recuerdan a todos y cada uno de los procuradores que –como, por otra parte, era evidente– el rey apuesta firmemente por la reforma, y, por último, hacen explícita la amenaza de disolver las Cortes en caso de que el proyecto fracase. Con las Cortes disueltas y un voto que se hubiera opuesto a la voluntad del rey y del Gobierno, era muy complicado volver a ser procurador en aquel entorno institucional. Martín Villa sintetizó a la perfección aquel conjunto de presiones del Gobierno a los procuradores: «menos acostarnos con ellos, hicimos de todo».

Las presiones, en general, funcionaron, pero en un determinado momento la negociación encalló. Hubo un escollo casi insalvable, algo sobre lo que hay acuerdo en que fue el momento más complicado de todo ese complejísimo proceso de tránsito «de la ley a la ley» que aconteció entonces. Algo que estuvo a punto de hacer que la Transición, tal como la conocemos, descarrilara. ¿Qué era ese algo? El sistema electoral. La Ley para la Reforma hablaba de un Congreso y un Senado elegidos directamente por la ciudadanía. Si la ley salía adelante, ambas instituciones iban a heredar todo el poder político, y los 531 procuradores eran muy conscientes de que, dependiendo de cuál fuera el sistema electoral establecido para ambas cámaras, su propio futuro en ambas instituciones sería uno u otro. No era, o no era solo, una cuestión de preferencias políticas sobre cómo debía ser el país, era también una cuestión personal que afectaba directamente al futuro político de cada uno de ellos.

Y ahí, precisamente ahí, se plantaron. Habían asumido sin demasiados problemas echar por la borda toda aquella retahíla franquista de la representación orgánica, de los cauces naturales de expresión de la nación española –el sindicato, la familia, el municipio–, de los Principios Fundamentales del Movimiento y demás morralla cuartelera. Pero, una vez que hubieron claudicado de todo eso que llevaban cuatro décadas exaltando y dieron vía libre al principio, eminentemente liberal y, por tanto, incompatible con el franquismo, del sufragio, hete aquí que, de repente, se pusieron estupendos. Lo que le convenía a España era un sistema uninominal y no estaban dispuestos a tolerar otra cosa. Más allá del pasmo escénico que suponía contemplar a todos aquello gerifaltes de la dictadura dictaminar muy serios, subidos en el estrado, sobre las virtudes de unos u otros sistemas electorales –*ellos*, que a lo que se habían dedicado con ahínco durante cuarenta ominosos años era a impedirlos todos–, lo cierto es que Fraga capitaneaba un numerosísimo grupo de procuradores, suficiente para truncar la aprobación de la ley. Si el Gobierno de Suárez, que recordemos que incluía en su proyecto un sistema proporcional, no cedía en eso, la Ley para la Reforma naufragaría. Aquí entra en escena el relato de Osorio:

El problema fundamental seguía siendo el sistema electoral. De aquí que en algunos miembros del Gobierno comenzase a cundir la duda sobre si debíamos o no empecinarnos en este tema. Pero Adolfo Suárez y yo sabíamos que no se podía ceder. En las conversaciones que habíamos mantenido con los miembros de la oposición quedaba claro que estos consideraban como condición fundamental para entrar en la legalidad que el sistema electoral fuese proporcional. Y este era, no lo olvidemos, uno de los objetivos de la reforma[7].

A pesar de esa aparente imposibilidad, lo cierto es que la oposición de Fraga y los suyos fue tal que el Gobierno no tuvo otro remedio que ceder algún terreno. En la mañana del 18 de noviembre, el día de la votación final, las dos partes habían alcanzado un acuerdo. En lo que luego se convertiría en un proceder clásico de la época, ambos equipos habían estado negociando la noche anterior, en una cafetería cercana a las Cortes. Fraga quería el modelo uninominal, Suárez el proporcional. Lo que ahí alumbraron fue un sistema tan *sui generis* que a día de hoy sigue sin suscitar acuerdo entre los especialistas a la hora de catalogarlo: no saben si es una cosa u otra. El resultado de ese acuerdo nocturno sigue vigente. Es nuestro sistema electo-

---

[7] Alfonso Osorio, *Trayectoria política de un ministro de la Corona*, Barcelona, Planeta, 1980, p. 251.

ral, el de 2024. El nombre más habitual para el mismo es el de «sistema proporcional corregido». En síntesis, se trata de un sistema cuya proporcionalidad –aportada por D'Hondt, que no es el malo sino el bueno de la película de la proporcionalidad– se encuentra brutalmente corregida por el que probablemente sea el sufragio más desigualitario del planeta, excepción hecha de un puñado de países africanos recién llegados a la democracia. Contra lo que dice la leyenda, el problema jamás ha sido D'Hondt. El problema ha sido siempre el sufragio desigual. Un sufragio desigual que se logra troceando al electorado español en provincias, de tal manera que, dependiendo de la provincia del elector, su poder de voto será mayor o menor. Pero no nos interesa tanto la naturaleza del sistema como su historia. Sigue Osorio:

Adolfo Suárez y algunos ministros nos reunimos en el despacho de Torcuato Fernández-Miranda para examinar la propuesta (el pacto con Fraga, esto es: dividir al electorado en provincias) y entonces el primero, separándose del grupo, me llevó aparte para decirme: «Alfonso, no podemos dar nuestra conformidad a esta propuesta sin tener la certeza de que la oposición la va a aceptar, porque, si después de hacer la reforma política nos encontramos con que aquella no entra en el juego, no habremos hecho otra cosa que escribir sobre el agua». Le contesté que tenía toda la razón. «Pues entonces intenta rápidamente ponerte en contacto con ella, pero fuera de aquí».

Abandoné el despacho del presidente de las Cortes y me dirigí al del oficial mayor de las Cortes Felipe de la Rica. Desde allí llamé a Carlos Ollero y procedí a leerle el texto propuesto por la ponencia. Carlos Ollero me lo hizo repetir un par de veces. Poco después me llamaba: «Creo –me dijo– que la redacción es correcta; creo que es aceptable para la oposición; lo importante es que la ley no encalle en estas Cortes. Después, supongo se hablará en el momento en que se redacte la Ley electoral».

Volví al despacho de Torcuato Fernández-Miranda y le transmití a Adolfo Suárez mi conversación con Carlos Ollero. A la vista de esta, Adolfo Suárez dio su visto bueno[8].

La tesis de que la apuesta de la proporcionalidad por parte de Suárez fue una condición de la oposición se encuentra totalmente asentada en la historiografía sobre la Transición; de hecho, la comparten tanto la versión oficial como la crítica. La versión oficial, porque es el relato que siempre se ha ofrecido, hasta hoy, por parte de los protagonistas del Gobierno; la versión crítica, porque, si no, no se explica la razón por la que Suárez, si quería manipular el sistema, no se decantó por uno mayoritario, que le hubiera dado muchísimo más poder que uno proporcional. La tesis, sin embargo, es muy endeble. Lo es cuando profundizamos en el relato de Osorio, lo es cuando acudimos a la postura de la oposición durante aquellos meses de 1976 y lo es cuando acudimos a los cables de Stabler, que la desmienten de raíz. Vayamos por partes.

Tenemos, en primer lugar, la historia de la conversación entre Osorio y Ollero. Se trata solo de una anécdota, cierto, pero conviene detenerse en ella, porque ilumina aspectos muy característicos de ciertos acercamientos a nuestro pasado. Ollero, que murió en 1993, era por aquel entonces un respetadísimo catedrático de Teoría del Estado y Derecho constitucional. Lideró dos manifiestos a principios de verano del 76, conocidos como el documento de los 32 y el de los 49, firmados por otros tantos académicos y figuras de la oposición democrática. Fue sin duda una persona con una indudable ascendencia intelectual en el mundo de la oposición –si bien sobre todo en el mundo de la oposición de centro-derecha, todo sea dicho–, pero de ahí a considerar que podía tomar decisiones de ese calado como representante de *toda la oposición* y que podía hacerlo en una

---

[8] *Ibid.*

breve conversación telefónica de veinte minutos, media un abismo. Solo mes y medio después de aquello los partidos opositores formaron la denominada «Comisión de los Nueve», para negociar con el Gobierno, y Ollero ni estaba ni se le esperaba. Era imposible que fuera elegido, ya que ni siquiera pertenecía a un partido. Que pudiera negociar en nombre de todos ellos una decisión tan trascendental como el sistema electoral es una hipótesis que carece de recorrido.

Lo más revelador de la anécdota de la conversación con Ollero –que cumple a la perfección una de las funciones rituales de lo que Aranzadi denominó *el mito de la Transición*[9]– es observar cómo ha ido modificándose con el tiempo. Porque ocurre que el ya de por sí sospechoso relato de Osorio ha ido transformándose en algo que, de haber ocurrido, todavía hubiera resultado mucho más resplandeciente y ejemplar. Así, a partir de 2015 se añade a la narración una coletilla según la cual, cuando Osorio llama a Ollero para que apruebe el pacto con Fraga, le espeta: «Pero, hombre, consúltalo con Felipe González...», a lo que Ollero, con el auricular del teléfono (*fijo*, evidentemente, en 1976) todavía en la mano, responde: «¡No hace falta, si está aquí, conmigo!». La fuente de esta renovada versión es, otra vez, el mismo Osorio, que en 1980, en sus memorias, solo cuatro años posteriores a los hechos, no recordaba el detalle de que fue nada menos que Felipe González el que estaba ahí para avalar la supuesta negociación. Como no lo recuerda en el año 2000, cuando reedita la obra con otro nombre, *De orilla a orilla*[10]. Pero sí lo recuerda –lo recrea más bien– en 2015, en conversación privada con el periodista de *ABC* Juan Fernández-Miranda (nieto de Torcuato, a la sazón), quien, tras

---

[9] Juan Aranzadi, *El escudo de Arquíloco. Sobre mesías, mártires y terroristas*, Madrid, Machado Libros, 2001.
[10] Alfonso Osorio, *De orilla a orilla*, Barcelona, Plaza & Janés, 2000.

ello, publica esa versión en su libro *El guionista de la Transición*[11] y tuitea, cada 18 de noviembre, aniversario de la aprobación de la Ley para la Reforma, un hilo encomiástico con los detalles de la misma. Todo indica que la memoria se adecúa no a los hechos que realmente sucedieron, sino al relato idealizado de lo que nos hemos contado que debió haber pasado.

¿Pero hubo, más allá de las peripecias de la memoria, un pacto con los partidos opositores con respecto a la proporcionalidad? Desde que fue nombrado en julio, Suárez recibió y escuchó a algunos de los principales líderes opositores, pero esa actitud no puede confundirse con una negociación propiamente dicha. Suárez mantuvo la iniciativa en todo momento y manejó a su antojo el terreno de juego. Y hay muchos elementos que apuntan a que la tesis es falsa.

El primero lo configuran el tipo de exigencias de los partidos opositores por aquel entonces. La oposición conoció diversas siglas y combinaciones. Fue sucesivamente la Junta Democrática (1974), la Plataforma de Convergencia Democrática (1975), la Platajunta (junio de 1976) y la Plataforma de Organismos Democráticos (octubre de 1976). Cada una de ellas publicó un manifiesto con sus reivindicaciones, pero en ellos la cuestión «proporcionalidad vs. mayoría» está por completo ausente. Los cuatro documentos suman 2.500 palabras, pero *ni una sola vez* aparecen las expresiones «sistema electoral», «proporcionalidad» o «circunscripciones». La oposición luchaba por logros mucho más básicos, anteriores a la discusión *técnica* electoral: la legalización de partidos y sindicatos, la amnistía, la independencia judicial, la creación de un Gobierno provisional, la formación de una asamblea constituyente, el reconocimiento de las nacionalidades, etcétera.

---

[11] Juan Fernández-Miranda, *El guionista de la Transición: Torcuato Fernández-Miranda, el profesor del Rey*, Barcelona, Plaza & Janés, 2015.

Al hecho de que la oposición se moviera en el terreno de las libertades elementales y no tanto en el de las disquisiciones técnicas, hay que añadir que, incluso en tal terreno técnico, no parece asumible que todos los heterogéneos grupos que la formaban quisieran el mismo sistema electoral. Además, y sobre todo, el sistema uninominal no era precisamente un invento de Fraga, sino la forma mediante la que se articulaba la representación parlamentaria en Gran Bretaña, Francia o Estados Unidos, democracias que eran el modelo de muchos opositores. Una cosa es que muchos de los partidos antifranquistas prefirieran la representación proporcional a la uninominal, y otra que dibujaran en la arena una línea infranqueable con respecto a esa cuestión y solo a esa, colocándola por encima de las otras reivindicaciones y haciendo ver al Gobierno de Suárez que rechazarían su proyecto de reforma en caso de que no cumpliera con sus exigencias.

De hecho, la oposición rechazó de modo explícito la Ley para la Reforma precisamente porque no fue negociada con ella, lo que casa mal con la tesis de Osorio de que tuvieron que incluir la proporcionalidad debido a las presiones de la misma. En septiembre de 1976, dos meses antes de dicha ley, los partidos opositores lanzaron un comunicado respecto al plan de Suárez en el que afirmaban que «se ha intentado crear una imagen ficticia al hablar de contactos con determinadas fuerzas políticas y sindicales de la oposición, como si de estos contactos unilaterales y meramente informativos se hubiera derivado algún tipo de compromiso […]. La oposición democrática debe rechazar, en consecuencia, la convocatoria del referéndum y la de las elecciones anunciadas por el Gobierno»[12]. Tras ello convocaron una huelga general y promovieron la abstención en el referéndum para aprobar la ley (promover el «no» hubiera implicado legiti-

---

[12] Esta cita se encuentra en Ignacio Sánchez-Cuenca, *Atado y mal atado. El suicidio institucional del franquismo y el surgimiento de la democracia*, Madrid, Alianza, 2014, p. 182.

marlo). ¿Qué sentido tiene que en el aspecto electoral, y solo en ese, sí que hubiera habido un pacto? Solo cuando Suárez arrasó en el referéndum, el 15 de diciembre, la oposición, obligada por los acontecimientos, cambió de estrategia, alumbró la Comisión de los Nueve y se avino a negociar, pero hasta entonces incluso ella misma –cuando acudimos a las evidencias de la época y no a reconstrucciones posteriores, incluso de los propios opositores involucrados– negó la existencia de pacto alguno con un Gobierno que lo era, no lo olvidemos, de una dictadura.

La «proporcionalidad» del sistema electoral no se adoptó debido a ninguna negociación con la oposición, aunque tal cosa se esgrimiera como subterfugio negociador (ante los procuradores franquistas) o se blandiera como justificación *democratizante* sobrevenida (por parte de Osorio y muchos otros, hasta hoy). ¿Cuál fue, entonces, la razón? Desde su privilegiada posición, Stabler, el mismo 18 de noviembre, el día de la votación en las Cortes –esto es, en tiempo real–, escribe a Kissinger: «[las supuestas concesiones que los franquistas han arrancado a Suárez] no suponen, como sabemos por muchas conversaciones privadas, ninguna alteración sustantiva de la posición del Gobierno». Y sigue: «sabemos que el Gobierno había considerado siempre la provincia como distrito electoral básico»[13]. Stabler asume que todo ha sido una añagaza, que el Gobierno *siempre* ha querido representación proporcional y provincias, esto es, el sistema supuestamente *pactado* con Fraga tras una aparentemente durísima *negociación*. Esto nos devuelve a la pregunta inicial: ¿por qué, por primera vez en la historia de España, se opta por la proporcionalidad? ¿Por qué Suárez no abogó por un sistema uninominal?

Hay una suposición que parece haber afectado a la mirada de buena parte de los análisis críticos sobre el origen del siste-

---

[13] Cable 08775 MADRID, 18 de noviembre de 1976. Citaremos los cables de Stabler en mayúsculas, tal como aparecen en los teletipos.

ma electoral, una suposición que da por hecho que, cuando Suárez y los suyos lo diseñan durante los meses de agosto a noviembre de 1976, saben que van a ganar las elecciones y obran en consecuencia. Es una suposición sustentada en muchas y poderosísimas razones, entre las que destacan tres:

a) la evidencia histórica –de nuevo apabullante– de que, si un Gobierno puede manipular un sistema electoral, lo hará, una realidad para la que, desgraciadamente, apenas hay excepciones;
b) el hecho de que, en efecto, ganaron las elecciones (con un 34,4% de los votos) y de que, en efecto, el sistema les sobrerrepresentó (les concedió un 47,1% de escaños), y
c) el ya comentado reconocimiento explícito de la manipulación por parte de Alzaga, uno de los hombres de UCD, que ahorraba, por sí mismo, cualquier necesidad de profundizar al respecto.

La suposición está, por tanto, más que justificada, y nada tiene de extraño su preeminencia. Y, sin embargo, es falsa.

Suárez y su equipo no podían dar por hecho, en absoluto, que eran ellos los que iban a lograr la victoria en la hipotética próxima convocatoria electoral. Por muy evidente que eso nos parezca ahora, se trata de una certeza ilusoria y falaz, elaborada desde la seguridad del futuro y lanzada engañosamente hacia un pasado que en realidad se encontraba sembrado de incertidumbres. Otro *vaticinium ex eventu*, en definitiva. Porque lo cierto es que en 1976 todo el mundo asumía que los que ganarían iban a ser más bien Fraga y su Alianza Popular (AP). Ese es el contexto psicológico en el que hay que situar las acciones del Gobierno de Suárez, y en ese contexto su apuesta por la representación proporcional tiene todo el sentido del mundo.

La decisión por la proporcionalidad se toma en agosto –con el famoso *papelito* de Torcuato–, se hace pública en septiembre y se negocia con los procuradores durante los meses siguientes, hasta que el 18 de noviembre se incluye en la Ley para la Reforma. Si queremos descubrir *intenciones*, esos son los meses en los que hemos de centrarnos, no los siguientes. Podemos coincidir con Stabler en que todo el proceso negociador era un ardid y que, en el fondo, ya en agosto Suárez y su equipo lo que realmente querían era la proporcionalidad corregida por las provincias que consiguieron en noviembre. Pero eso no afecta al hecho relevante aquí: ¿por qué lo apostaron todo a la proporcionalidad, por mucho que la corrigieran? Si realmente hubieran pensado que iban a ganar sin dificultad, un sistema uninominal no hubiera supuesto un peligro, sino todo lo contrario.

Pero el caso es que antes de diciembre de 1976 la creencia generalizada era que la victoria sería para Fraga y los suyos. Así lo asumían los propios dirigentes de AP, la oposición y el Gobierno. Con respecto a los primeros, era lo que ellos mismos se encargaban de airear, y todo indica que lo creían sinceramente, como los cables de Stabler demuestran: el 1 de octubre Silva le dice que AP será el partido «MÁS VOTADO»[14]; el 21 de octubre, Fraga le asegura que esperan ganar «CON UN 40%»[15]; el 1 de noviembre, López Rodó le asegura que quedarán primeros[16]. Podían estar intentando engañar a Stabler, pero no parece el caso, porque, en cables posteriores, conforme se aclara el panorama y AP se hunde en las encuestas (ya en los primeros meses de 1977), así se lo trasladan al embajador con sinceridad: el 28 de febrero Stabler escribe que ha almorzado con Martínez Esteruelas y hablado con Silva, y que ambos, en claro contraste con el «ENTUSIASMO» que albergaban en octubre, son ahora bastante pesimistas. Ellos mismos le dicen que ya no esperan ganar, sino

---

[14] Cable 08215 MADRID, 1 de octubre de 1976.
[15] Cable 07992 MADRID, 21 de octubre de 1976.
[16] Cable 08216 MADRID, 1 de noviembre de 1976.

lograr un 20-25% del voto, «MUY LEJOS DEL 40% DEL QUE HA-BLABAN AL PRINCIPIO»[17].

También lo pensaba así la oposición. El día 20 de noviembre, Stabler invita a comer a su residencia a Tierno y Morodo, y escribe que ambos «DABAN POR SENTADO QUE ALIANZA PO-PULAR SERÍA LA FUERZA MÁS VOTADA, MOTIVO POR EL CUAL LOS SOCIALISTAS NO PODÍAN PERMITIRSE EL LUJO DE ACUDIR DIVIDIDOS A LAS URNAS»[18]; Arias-Salgado publica un artículo de opinión el 23 de noviembre en *El País* en el que asume con total naturalidad –ni siquiera tiene que explicarlo– que AP va a ser la lista más votada. El mismo periódico había publicado el 25 de septiembre una crónica en la que se afirmaba que los líderes de la derecha, gracias a «una encuesta efectuada, a nivel nacional, por una de las más relevantes empresas de opinión pública que actúan en España», estaban convencidos de que ganarían las elecciones.

Y, con respecto al Gobierno, es evidente que puso todo su empeño en evitar un sistema uninominal, que Fraga y los suyos ansiaban, y en garantizar «criterios proporcionales». Eso, estratégicamente, señala que no esperaban ganar. Por si eso no fuera suficiente, Stabler, en tiempo real, confirma esta lectura. El día 24 de noviembre, uno de sus cables transcribe una conversación con Osorio, eufórico tras la aprobación de la Ley para la Reforma. Ahí leemos lo siguiente:

OSORIO ARGUMENTÓ QUE EL «FRANQUISMO SOCIOLÓGICO» TENÍA UNA ENORME FUERZA Y PREDIJO QUE LAS PRIMERAS ELEC-CIONES LAS GANARÍA ESTE GRUPO (PARECÍA REFERIRSE AQUÍ A LOS CONSERVADORES, MUCHOS DE LOS CUALES HABÍAN TENIDO

---

[17] Cable 01540 MADRID, 28 de febrero de 1977. Silva incluso le plantea a Stabler la posibilidad de no participar en las elecciones, si bien todo indica que el comentario no es más que un desahogo (aunque muy significativo: solo juegan si ganan).
[18] Cable 08832 MADRID, 20 de noviembre de 1976.

48

POSICIONES O CONEXIONES EN EL RÉGIMEN DE FRANCO, Y TE-
NER EN MENTE A ALIANZA POPULAR). A LARGO PLAZO, DIJO, EL
ESFUERZO SERÍA TRANSFERIR LA ESTRUCTURA POLÍTICA DEL
«FRANQUISMO SOCIOLÓGICO» A GRUPOS COMO LOS CRISTIANO-
DEMÓCRATAS O EL PARTIDO POPULAR[19].

Esta creencia generalizada en la preeminencia electoral de
Fraga es plenamente coherente, por lo demás, con las encuestas publicadas por aquel entonces, tanto con respecto a partidos
como con respecto a líderes. Recordemos que la decisión por la
proporcionalidad se toma en agosto, cuando Suárez no lleva en
el cargo ni dos meses. En ese momento Fraga encabezaba todas
las encuestas de opinión publicadas en la prensa, en las que, por
lo demás, Suárez ni siquiera estaba incluido hasta que, para sorpresa de todos, el rey lo nombró presidente. Ciertamente, los
datos de encuestas bajo una dictadura son muy relativos. El
propio Stabler lo explica a la perfección: «A LA HORA DE IN-
TENTAR PROYECTAR LAS ACTITUDES POLÍTICAS DE LOS ESPA-
ÑOLES, NADA NOS LO HA IMPEDIDO TANTO COMO LA AUSEN-
CIA DE DATOS DEMOSCÓPICOS SIGNIFICATIVOS. DURANTE EL
FRANQUISMO LOS PARTIDOS POLÍTICOS ESTABAN PROHIBIDOS
Y LAS ENCUESTAS SOBRE ELLOS ERAN TABÚ, AUNQUE CON
TODO SALÍAN DE VEZ EN CUANDO A LA LUZ DATOS FRAGMEN-
TARIOS. CUANDO SE LES PREGUNTABA, MUCHOS ESPAÑOLES
ERAN COMPRENSIBLEMENTE REACIOS A RESPONDER, PUES
TEMÍAN QUE SUS RESPUESTAS ACABARÍAN EN UN FICHERO
PARA FUTURAS REFERENCIAS, UNA ACTITUD QUE TODAVÍA
PERSISTE»[20]. Pero, más allá de eso, a dos animales políticos de

---

[19] Cable 08928 MADRID, 24 de noviembre de 1976.
[20] Cable 02849 MADRID, 12 de abril de 76. Es interesante señalar que,
en un cable del 26 de octubre de 1975 (MADRID 07481), con Franco todavía vivo, Stabler adelanta los «PORCENTAJES USUALES» que se manejaban
para la izquierda: 30% para el PSOE y 10% para el PCE. Añade que «NO
HAY MANERA DE COMPROBARLOS», pero lo cierto es que el 15 de junio de

la talla de Suárez y Torcuato no les pasaría desapercibida la trivial evidencia de que, si desde el Gobierno aprobaban un sistema electoral uninominal, lo más probable es que Fraga y los suyos –que en agosto todavía no existían, pero que sin lugar a dudas existirían– fueran uno de los dos grandes partidos vencedores, siendo el otro probablemente el PSOE. Como tampoco se les escaparía la sospecha, rayana en la certeza, de que en tales sistemas los terceros partidos de ámbito nacional carecen de oxígeno para respirar.

También aquí se ha de precisar hasta qué punto el peligro del anacronismo puede enturbiar nuestra mirada. Hoy sabemos, de manera casi empírica, por así decir, que Fraga es derecha y Suárez es centro. Pero la política no tiene la consistencia empírica de las ciencias naturales, la conforman versátiles acciones humanas, no regularidades factuales, y en el verano de 1976 la percepción era otra. Por aquel entonces, Fraga era considerado una figura aperturista, de «centro», y Suárez era un desconocido, y, en todo caso, el ministerio que encabezaba antes de ser presidente era nada menos que el del Movimiento Nacional. Durante ese verano no hay un sistema de partidos, no hay una configuración establecida, no existe un marco claro. Estamos analizando un magma difuso del que *luego* saldrá una determinada configuración, como podía haber salido otra diferente. Si queremos entender qué podía pasar por la cabeza de Suárez, no podemos dejar que el futuro –que ahora conoce-

1977 el PSOE logró un 29,32% de los votos y el PCE un 9,33%; cualquier empresa demoscópica firmaría hoy una precisión así. El cable, por lo demás, es muy interesante por otros motivos. Stabler invita a comer en su residencia a González, y el diálogo desvela muy bien la personalidad política de este último y confirma que ya estaba en contacto con el rey y que ya por aquel entonces su proyecto encajaba más con la «reforma» que con la «ruptura». Solo tres días después, Stabler recoge una conversación con Suárez, por aquel entonces un desconocido. La impresión es la misma: ya sabía qué camino había que recorrer.

mos– contamine nuestra perspectiva. Él y los suyos tomaron las decisiones que tomaron en agosto de 1976, no después. Y, en agosto de 1976, Fraga es el caballo ganador.

Una de las reflexiones más interesantes que se abren al respecto tiene que ver con lo que bien puede denominarse *la ruptura que sí fue*. En el año 1976 suelen diferenciarse dos fases o etapas, la de Arias y la de Suárez, y se asume que una naufragó y la otra llegó a buen puerto. En la fase de Arias, que va de diciembre del 75 a julio del 76, el cerebro en la sombra es Fraga y la estrategia consiste en ir modificando paulatinamente las Leyes Fundamentales de la dictadura hasta desembocar en algo parecido a una democracia. Fracasaron. La fase de Suárez va de julio a noviembre de 1976, la materia gris la aporta Torcuato y lo que persiguen es lograr que las Cortes franquistas aprueben una ley que, mediante un referéndum, posibilite unas elecciones libres. Triunfaron.

Esa distinción entre ambas etapas se fundamenta en los momentos jurídicos mediante los que se transita de un sistema a otro. Se trata de una perspectiva que goza de una lógica interna evidente –desde un punto de vista político, son las leyes las que dan forma a decisiones políticas previas–, pero que deja fuera el momento psicológico concreto en el que se toman las decisiones, los actores que las plantean y las razones e intereses cruzados que influyen a la hora de adoptarlas. Y, cuando atendemos a estos últimos elementos, se ven líneas de continuidad muy claras entre las dos fases.

Situémonos en diciembre de 1975. El presidente del Gobierno es por aquel entonces Arias Navarro, y lo es porque lo había nombrado Franco y su mandato todavía no ha acabado. El rey Juan Carlos no puede destituirlo, pero, con todo, maniobra para colocar a algunos hombres de su confianza en un nuevo gabinete que se forma el 12 de diciembre de 1975. Así, junto a Arias y otros restos evidentes del pasado, se sientan ahora en el nuevo Gobierno gentes como Garrigues, Suárez, Fraga,

Martín Villa, Osorio o Areilza. Arias Navarro había impulsado dos años antes una tímida apertura, con Franco todavía vivo, y no parecía ser capaz de ir mucho más allá. Pero, incrustados ahora en su gabinete, todo estos, a los que podemos llamar *los hombres del rey*, quieren avanzar.

Stabler, por supuesto, conoce la composición del nuevo Gobierno antes de que se haga pública. Ha hablado con Areilza, que le ha pasado la información. Pero no solo conoce los nombres, conoce, sobre todo, la partitura que esos hombres quieren empezar a tocar. La conoce de primera mano, porque ha hablado también con el rey. El rey desea transitar a una democracia, esto es, a un régimen equiparable a los de los países aliados de Europa Occidental y de Estados Unidos. Lo quiere hacer «de la ley a la ley», sin ruptura alguna, de acuerdo con la famosísima expresión de uno de sus hombres de confianza, Torcuato Fernández-Miranda. Torcuato no está en el Gobierno, pero ocupa un puesto fundamental para el éxito del plan, el de presidente de las Cortes franquistas.

De todos los *hombres del rey*, es Fraga –el nuevo ministro de Gobernación– el que lleva la batuta en el nuevo Gobierno. Tiene en su cabeza todo un plan de reforma de las instituciones que incluye como estación final algo parecido a un sistema democrático homologable al de las democracias liberales occidentales. Ese plan, que plasma en unas cuartillas en diciembre de 1975, incluye dos cámaras. El 3 de enero, Fraga entrega un primer borrador de su programa al rey, a Arias Navarro y a algunos ministros. Lleva por título «Informe al presidente del Gobierno sobre iniciativas a tomar por el propio Gobierno para el desarrollo de su declaración de intenciones»[21] y en él se incluye el bicameralismo. Es, que sepamos, la primera vez que

---

[21] El informe de Fraga se encuentra en Á. de Diego González, *La Transición sin secretos. Los franquistas trajeron la democracia*, Madrid, Actas, 2017, p. 391.

aparece la denominación «Cámara de Diputados» –que retoma la de la Segunda República– en un documento cuasioficial tras la muerte del dictador.

La opción bicameral es la primera en tomarse y el consenso al respecto será absoluto. Ninguno de los dos Gobiernos que se suceden durante 1976 la pone en duda. Sí habrá, y en abundancia, discusiones sobre las funciones y poderes de cada una de las dos cámaras y la consiguiente relación entre ellas, pero jamás se plantea un parlamento unicameral. El bicameralismo surge de la cabeza de Fraga y llega hasta la Ley para la Reforma –y prácticamente hasta la Constitución– sin resistencia alguna. Los motivos de esta unanimidad solo pueden entenderse cuando se atiende a las funciones atribuidas a cada una de las cámaras, en especial al Senado, sobre el que volveremos. Pero, más allá de eso, lo que nos interesa ahora es señalar que el objetivo de la reforma era convocar elecciones y que los partidos de la oposición –menos el comunista, por supuesto, al que no se tenía intención de legalizar– accedieran a participar. Una vez que lo hicieran, legitimarían el propio marco institucional en el que tales elecciones hubieran tenido lugar: el sistema electoral, el diseño bicameral, etcétera.

Si ese era el plan, cada uno de los Gobiernos de 1976 –Arias y Suárez– eligió un camino diferente para alcanzarlo, como hemos visto: Arias, un cambio paulatino conducido por una «Comisión Mixta» entre el Gobierno y otras instituciones franquistas; Suárez, una ley (la Ley para la Reforma) más abrupta, que, aceptada por las Cortes franquistas, posibilitara elecciones. Como se desprende, ambos gabinetes plantean siempre sus respectivos modelos de reforma intentando contentar a la estructura franquista preexistente, a la que no quieren soliviantar bajo ningún pretexto. De hecho, existía durante todo el proceso una alternativa mucho más expeditiva y perfectamente legal dentro de las propias coordenadas jurídicas del franquismo: que el rey forzara directamente un referéndum sobre un texto de reforma, algo que entraba dentro de sus prerrogativas como jefe del Estado. La aprobación popular de tal texto hubiera sido segura y la propuesta se hubiera legitimado *ipso facto*. Pero esa opción, como repiten incasablemente todos los *hombres del rey* durante las dos etapas, encerraba peligros que no estaban dispuestos asumir: por un lado, podía dejar a los recalcitrantes sin salida y, por otro y sobre todo, exponía demasiado al rey, que se hubiera enemistado frontalmente con los nostálgicos de la dictadura. Nunca se adoptó.

Pero, más allá de eso, importa señalar que durante las dos fases de 1976 hay un mismo equipo que lleva a cabo la reforma, un equipo cuyo líder es el rey. En ese equipo hay un cambio de presidente del Gobierno en julio, cuando Arias es cesado y el rey nombra a Suárez, pero no hay un cambio sustancial ni de personas (varios de los ministros de Arias que eran *hombres del rey* siguen con Suárez) ni, sobre todo, de proyecto. Porque el proyecto de Arias y el de Suárez eran en esencia el mismo: transitar «de la ley a la ley», recordemos. El método podía cambiar, pero la meta no variaba: elecciones, sí, pero siempre a) para un parlamento bicameral, b) alojado dentro de una forma de estado monárquica, c) conducidas por el sistema electoral que ellos hubieran decidido y d) sin atisbo alguno de descentralización política. Las cuatro decisiones constitutivas más importantes de lo político estaban ya tomadas en 1976.

En ese proyecto solo va a haber, de hecho, un imprevisto, un elemento evidente de discontinuidad, una ruptura entre los propios *hombres del rey*. El nombramiento de Suárez por parte de Juan Carlos I el 4 de julio soliviantó a Fraga, Areilza, Cabanillas y otros dirigentes franquistas. Hablamos de desavenencias de corte personal, sustanciadas básicamente en ambiciones propias defraudadas: cada uno de ellos esperaba ser el elegido. La principal consecuencia política de esa decepción biográfica será la creación de Alianza Popular por parte de Fraga. Tal creación se hará pública en septiembre, pero la ruptura fue evidente desde el primer momento. De hecho, aunque el rey los llamó a todos y los invitó a seguir en el Gobierno, lo rechazaron indignados. Abandonaron el equipo y apostaron por otro camino. En fecha tan temprana como el 7 de julio, Ortí Bordas, cercano a Suárez, asume que Fraga, Areilza y Cabanillas «FUNDARÁN UN PARTIDO DE CENTRO-DERECHA»[22]. La ruptura es un hecho desde el primer momento, y Suárez, Torcuato y el rey saben que Fraga y otros pesos pesados ya no viajan en el mismo barco.

Hasta julio de 1976, con todas las rivalidades que se quiera, el grupo de los *hombres del rey* permanecía unido. Fraga, Osorio, Suárez, Torcuato, Areilza… todos remaban juntos. Arias era una rémora evidente y ellos eran los que, espoleados por el monarca, impulsaban la reforma. Luego, sin embargo, no todo salió como algunos, en lo puramente personal, anhelaban. La caja destemplada más asombrosa la firmará Areilza en sus memorias, escritas muy pronto, en 1977. En ellas describe el funcionamiento de la Comisión Mixta de Arias en estos términos: «todo es calcular cómo impedir que la derecha pierda nunca el poder, ¡y qué derecha!»[23]. De acuerdo, pero es que en ese momento que Areilza describe, abril de 1976, todos los miembros de la Comisión Mixta –Areilza incluido, pues no en vano era nada menos que el ministro de Exteriores– son esa derecha. Torcuato, Fraga, Suárez, Osorio, Martín-Villa, sí, pero también el propio Areilza, que, sin embargo, y como por arte de birlibirloque, describe la situación como si él se encontrara en aquel momento en alguna barricada popular de la oposición antifranquista. No era así. De hecho, Areilza narra también, sin atisbo de continuidad, que el 13 de febrero habían mantenido una reunión con «financieros que le ofrecieron apoyos indefinidos» a Arias para montar un partido «de centro» (¡!)[24]. Asistieron él, Fraga, Osorio, Carro y

[22] Cable 05249 MADRID, 7 de julio de 1976.
[23] José María de Areilza, *Diario de un ministro de la monarquía*, Barcelona, Planeta, 1977, p. 151.
[24] *Ibid.*, p. 86.

Suárez. La derecha eran ellos, *todos*. Y albergaban, además de un proyecto político, unas evidentísimas ambiciones personales. Pero dejemos las biografías y regresemos al proyecto. De sus cuatro elementos fundamentales, tres (bicameralismo, monarquía, centralismo) se mantuvieron, pero el restante mutó tras la elección de Suárez. Durante toda la fase de Arias, el sistema electoral que se asumió para el futuro Congreso fue el uninominal. Y, que sepamos, ninguno de los *hombres del rey* discrepaba. Ni una declaración en prensa, ni una reflexión pública, ni una confidencia que Stabler pudiera recoger... nada. Todos estaban de acuerdo en eso. ¿Por qué en agosto de 1976, inopinadamente, el Gobierno de Suárez apuesta, y lo hace contra toda la tradición histórica electoral de España, por la proporcionalidad? Es sabido que existen dos grandes aproximaciones a la cuestión del origen de los sistemas electorales. Simplificando muchísimo: para unos, la tesis de Maurice Duverger, son los sistemas electorales los que crean a los partidos; para otros, la tesis de Josep Colomer, más bien al revés: son los partidos preexistentes los que deciden, de acuerdo con las circunstancias, qué sistemas electorales aprobar. Siendo ello así, el caso español vendría sin duda a reforzar la tesis de Colomer. No podemos aquí atender al complejo proceso de formación de los diversos partidos políticos durante 1976 a partir del magma difuso inicial –Stabler, de nuevo, constituye una fuente excepcional–, pero hay algo evidente: Suárez y su Gobierno toman decisiones sabiendo que Fraga –el político más valorado del momento, no lo olvidemos– no estará en su equipo y que se les enfrentará en las elecciones. Eso no ocurría en abril. Y en abril el sistema electoral es uninominal y todos los hombres del rey estaban de acuerdo, pero en agosto es proporcional. Fue probablemente la ruptura del grupo dirigente reformista apadrinado por el rey la que originó la posibilidad de la proporcionalidad.

Una «proporcionalidad», la que se originó entonces y que llega hasta hoy, que no es, como ya hemos dicho, demasiado «proporcional». De hecho, está tan «corregida» que muchos especialistas consideran que nuestro sistema electoral no pertenece a la clase de los sistemas proporcionales, sino más bien a la de los otros, los denominados «mayoritarios». Actualmente, y muy en especial desde el 15M, han aparecido muchas propuestas de reforma electoral, siendo el sistema mixto una de las posibilidades más visitadas. Una de las cosas más sorprendentes que nos desvela Stabler es que, en 1976, hubo una posibilidad muy real de que se adoptara un sistema mixto y no el corregido que llega hasta hoy. Es una microhistoria dentro de la historia más amplia de nuestro modelo representativo, pero merece la pena dedicarle algo de espacio.

En un cable de 24 de noviembre que ya hemos citado, Stabler comenta que Osorio está eufórico por la reciente aprobación de la Ley para la Reforma. En ese cable se despejan muchas dudas con respecto a la adopción de la proporcionalidad. Escribe Stabler:

OSORIO DIJO QUE EN LA MAÑANA DE LA VOTACIÓN SOBRE LA LEY DE REFORMA HABÍA LLAMADO A SU CONTACTO EN LA OPOSICIÓN DEMOCRÁTICA PARA PREGUNTAR SI LA OPOSICIÓN ACEPTARÍA UN SISTEMA ELECTORAL MIXTO MAYORITARIO-PROPORCIONAL PARA LA CÁMARA BAJA EN VEZ DE UNO PROPORCIONAL PURO. PARA SU SORPRESA, LA RESPUESTA HABÍA SIDO QUE LO HARÍA SI ESE ERA EL PRECIO POR APROBAR LA LEY DE REFORMA. AL FINAL, *EL GOBIERNO NO TUVO QUE PAGAR ESE PRECIO*, PERO GRACIAS A ESA CONVERSACIÓN OBTUVO UNA INDICACIÓN DE QUE LA NEGOCIACIÓN CON LA OPOSICIÓN DE IZQUIERDAS SOBRE LA LEY ELECTORAL NO SERÍA TAN DIFÍCIL COMO PODRÍAN HABER PENSADO (la cursiva es nuestra)[25].

---

[25] Cable 08928 MADRID, 24 de noviembre de 1976.

Este párrafo encierra una clave fundamental. Como se habrá observado, aparece un sistema «mixto mayoritario-proporcional» desconocido hasta ahora. Podría pensarse que es el sistema que al final se decide, el sistema proporcional basado en (o corregido por) las provincias. Eso es, como sabemos, lo que Osorio dirá en sus memorias: que le ofrecieron a Ollero –supuesto líder de la oposición– el sistema proporcional con provincias, que Ollero aceptó y que, por tanto, ellos pudieron decirle sí a Fraga, que previamente había cedido también por su parte. Pero, como refleja el cable, en realidad a Ollero no le ofrecen el sistema con provincias. De hecho, el propio cable establece que el Gobierno no tuvo que pagar ese «precio», luego no puede ser el sistema con provincias, sino otra cosa. ¿Qué le ofreció entonces Osorio a Ollero? Lo dice el propio Stabler: «UN SISTEMA ELECTORAL MIXTO MAYORITARIO-PROPORCIONAL PARA LA CÁMARA BAJA EN VEZ DE UNO PROPORCIONAL PURO». Se trata de un sistema mixto. Stabler, Osorio y compañía lo confunden (como buena parte de la ciencia política de entonces y no pocos opinólogos de ahora) con el sistema «alemán», pero en realidad tiene poco o nada que ver con el sistema realmente utilizado en Alemania. En Alemania, entonces y hasta hoy, lo que hay es un sistema proporcional puro con una barrera del 5%. Pero, más allá de todo eso, este sistema mixto sí es una solución de compromiso. Ha aparecido en otros cables anteriores, y su historia es muy reveladora.

Antes, sin embargo, y dado que se trata del cuarto sistema que se pone en juego durante esos meses, probablemente convenga aclarar un poco el panorama clasificatorio. Con este modelo «mixto», la mitad de los diputados serían elegidos en distritos uninominales (lo que quiere Fraga) y la otra mitad por representación proporcional en una circunscripción única (la proporcionalidad que quiere la oposición). Podemos dibujar una línea imaginaria en la que se ordenan las cuatro posibilidades de acuerdo, por ejemplo, con las preferencias de Fraga: 1) en primer lugar, lo mejor es un sistema uninominal; 2) si no es posible, el sistema mixto; 3) si no, el sistema proporcional corregido por provincias, y 4), como última opción, un sistema proporcional puro. Si nos situamos en la cabeza de la oposición y asumimos que lo que quiere es proporcionalidad (como sin duda era el caso de Ollero), entonces la escala de preferencias es exactamente la contraria.

Lo que varios cables de Stabler reflejan es que, durante los dos meses y medio que duró la negociación en las Cortes, el sistema mixto se planteó como una opción intermedia que podría satisfacer a los procuradores de Fraga. Stabler relata una conversación del 29 de septiembre en la que el líder de AP Silva Muñoz afirma que «ALGO DEL TIPO DE UNA SOLUCIÓN DE ESTILO ALEMÁN (1/2 PROPORCIONAL Y 1/2 DISTRITOS UNINOMINALES) PODRÍA SER ACEPTABLE». Stabler afirma: «ESTO SE HACE ECO DE LO QUE SU ENEMIGO Y MINISTRO DEL GOBIERNO, OSORIO, ME HABÍA DICHO ANTES, COMO PUNTO DE VISTA DEL GOBIERNO»[26]. El 17 de octubre, en una comida con Stabler, Osorio le explica que lo que el Gobierno quiere es la proporcionalidad, pero que, si Fraga y los suyos no ceden, el Gobierno pactaría con ellos el sistema mixto alemán. «EL GOBIERNO ESTARÍA PREPARADO PARA ACEPTAR TAL SISTEMA», dice literalmente[27].

El 10 de noviembre, sin embargo, el ministro De la Mata almuerza con Stabler y le dice que el Gobierno ha decidido no ceder ante Fraga, «EN PARTICULAR EN LO DE LA REPRESENTACIÓN PROPORCIONAL»[28]. Y añade que está seguro de que habrá un partido de centro. Son dos cosas que tienen una relación obvia. Tras relatar la conversación, Stabler escribe a Kissinger sus propias impresiones:

---

[26] Cable 08215 MADRID, 1 de enero de 1976.
[27] Cable 07934 MADRID, 20 de octubre de 1976.
[28] Cable 08532 MADRID, 10 de noviembre de 1976.

COMENTARIO: LA DECISIÓN DEL GOBIERNO (QUE NOS HA LLEGADO TAMBIÉN POR OTROS CANALES) DE MANTENERSE FIRME EN LA REPRESENTACIÓN PROPORCIONAL EN LA CÁMARA BAJA EN VEZ DE ACCEDER AL MENOS EN PARTE A LAS DEMANDAS DE FRAGA Y COMPAÑÍA POR LA REPRESENTACIÓN MAYORITARIA REFLEJA UN CAMBIO DE OPINIÓN. TENÍAMOS ENTENDIDO QUE EL GOBIERNO ESTABA INCLINADO A LLEGAR A UN COMPROMISO EN TORNO AL SISTEMA ELECTORAL ALEMÁN (UNA SUERTE DE MITAD Y MITAD). ASUMIMOS QUE EL GOBIERNO HA TOMADO ESTA DECISIÓN EN PARTE PORQUE LA REPRESENTACIÓN PROPORCIONAL EN LA CÁMARA BAJA, EQUILIBRADA CON LA REPRESENTACIÓN DE MAYORÍAS EN LA CÁMARA ALTA, ERA PARTE DE UNA NEGOCIACIÓN TÁCITA CON LA OPOSICIÓN DEMOCRÁTICA. PERO ESTO NO EXPLICA DEL TODO LA DECISIÓN, YA QUE VARIAS FIGURAS DE LA OPOSICIÓN (CRISTIANO-DEMÓCRATAS Y TIERNO GALVÁN DEL SOCIALISTA PSP) HABÍAN INDICADO QUE EL SISTEMA ALEMÁN SERÍA ACEPTABLE. LA DECISIÓN DE NO LLEGAR A UN COMPROMISO PROBABLEMENTE DERIVA TAMBIÉN DE UN CÁLCULO DE QUE LOS DISTRITOS UNINOMINALES OTORGARÍAN A FRAGA Y A ALIANZA POPULAR MÁS ESCAÑOS QUE UN SISTEMA DE REPRESENTACIÓN PROPORCIONAL. EL GOBIERNO DESEA MINIMIZAR LAS POSIBILIDADES DE UN RESULTADO ELECTORAL QUE PUDIERA PONER A FRAGA AL MANDO EN LAS NUEVAS CORTES[29].

Es decir: el sistema mixto hubiera satisfecho a buena parte de la oposición y a Fraga, y la Ley para le Reforma se habría aprobado con facilidad, sin riesgo alguno. Era perfecto…, pero al Gobierno, desde una perspectiva meramente *electoralista*, no le interesaba. Le interesaba más el sistema provincializado, que, por lo demás, ya tenía bastante avanzado, tal como demuestra un cable anterior:

---

[29] *Ibid.*

ENRIQUE SÁNCHEZ DE LEÓN, EL DIRECTOR GENERAL DE ASUNTOS POLÍTICOS INTERNOS DEL MINISTERIO DEL INTERIOR, NOS DIJO EL 30 DE SEPTIEMBRE QUE EL GOBIERNO ESTÁ TRABAJANDO MUY DURO EN LAS PREPARACIONES ELECTORALES, SI BIEN NO ES UNA TAREA FÁCIL DEBIDO A LA ABSOLUTA AUSENCIA DE EXPERIENCIA CON ELECCIONES LIBRES. SÁNCHEZ DE LEÓN [...] AFIRMÓ QUE EL BORRADOR DE LA LEY ELECTORAL ESTÁ ACABADO, EXCEPTO EN ALGUNOS DETALLES TÉCNICOS. LA PARTE DE LA LEY DEDICADA A LAS ELECCIONES A LA CÁMARA BAJA INCLUYE UN SISTEMA DE REPRESENTACIÓN PROPORCIONAL BASADO EN LISTAS DE CIRCUNSCRIPCIONES, CON CADA PROVINCIA FORMANDO UNA CIRCUNSCRIPCIÓN[30].

Toda la historia de la conversación con Ollero es de una fascinante astucia estratégica. Osorio da dos versiones de la misma. Una es la de sus memorias, escritas en 1980. Se trata de una versión pública y cinco años posterior. Según ella, el principal desvelo del Gobierno es contentar a la oposición. La supuesta exigencia de la oposición con respecto a la proporcionalidad les sirve, además, para justificarse ante Fraga y ante todo el mundo, haciendo pasar el propio interés del Gobierno como condición *sine qua non* para la reforma. La otra versión es la de los cables de Stabler, que es completamente confidencial y que transcurre en tiempo real, pegada los acontecimientos. Y aquí la cosa es todavía más sibilina. La noche anterior han pactado con Fraga, en una cafetería, la proporcionalidad corregida con provincias, que es la que quieren, y, por tanto, *ya está todo resuelto*. Pero aun así llaman a Ollero y la alternativa que le ofrecen es el sistema mixto. Esto es, de los cuatro modelos, le plantean el más alejado de sus deseos (excepción hecha del uninominal, claro), a ver qué dice. Un movimiento negociador de manual. Así, en una misma jugada, a) mantienen la pose ante Fraga y el

---

[30] Cable 07554 MADRID, 1 de octubre de 1976.

mundo, b) aprovechan para hacer ver a la oposición que la tienen siempre presente y c), a la vez, la sondean. Como el propio Osorio reconoce, ese sondeo supuso para ellos «una indicación de que la negociación con la oposición de izquierdas sobre la ley electoral *no sería tan difícil* como podrían haber pensado» (la cursiva es nuestra), lo que deja a las claras que, en aquel momento, una negociación con la oposición era algo que se situaba en el futuro, no en la propia llamada. Asumir que esa llamada telefónica merece el nombre de «negociación» implica dar por hecho que, de haber dicho Ollero que no, Suárez hubiera abortado la Ley para la Reforma la mañana del 18 de noviembre, lo cual carece de sentido. Esa llamada fue un gesto y a la vez un sondeo, no una transacción.

Por supuesto, como se ve en muchos cables, en todos los documentos de la época y en la propia lógica del proceso, el Gobierno de Suárez tenía como uno de sus principales objetivos que la oposición entrara en el juego, esto es, que se presentara a las elecciones. Eso era algo evidente si se quería ir a un régimen homologable al de otras potencias europeas. Pero, si bien se disfrazó de pacto, la decisión por la proporcionalidad no fue fruto de acuerdo alguno, sino del interés meramente estratégico del Gobierno. Aunque supone entrar en argumentos contrafácticos, si la Ley para la Reforma hubiera sido aprobada con un sistema uninominal, es difícil considerar que los acontecimientos hubieran sido otros con respecto a la respuesta de la oposición. Lo más radical que los partidos opositores podían haber hecho, antes y después de la aprobación de la Ley para la Reforma, ya lo hicieron: deslegitimar por completo el proceso. De hecho, en el referéndum solicitaron la abstención, que era la única opción que tenían a su alcance para negarle validez alguna (como hemos dicho, hacer campaña por el «no» hubiera supuesto legitimar la consulta). Una vez celebrado el referéndum –cuyos resultados, abrumadoramente favorables a Suárez, parece evidente que habrían sido idénticos aunque la

Ley para la Reforma hubiera incluido un sistema uninominal–, los partidos de la oposición hubieran tenido muy difícil argumentar –en caso de que quisieran hacerlo, lo que es muy dudoso– que no iban a aceptar la convocatoria electoral debido a que incluía el sistema electoral vigente en Francia, Gran Bretaña y Estados Unidos, probablemente las tres democracias más influyentes, junto a Alemania e Italia, en la propia oposición. Un sistema en el que, por lo demás, muchos de esos partidos probablemente hubieran alcanzado una representación considerable. No parece un escenario que les abocara irremediablemente a la ruptura, que era el abismo ante el cual Suárez siempre les supo enfrentados.

Lo que todos los elementos señalan, por tanto, es que el actual sistema de representación proporcional provincializada fue una apuesta del Gobierno Suárez, que asumió en todo momento que Fraga podía ganar las elecciones, y que jugó sus cartas intentando –y logrando– hacer pasar como concesión a la oposición lo que no era más que su propio interés estratégico. Los cables que reflejan que el Gobierno quería proporcionalidad, pero no «pura», son muchos y no dejan espacio para la duda. El 13 de noviembre, Stabler escribe: «LO DE AÑADIR "DISPOSITIVOS CORRECTORES" [...] RESPONDE EN CIERTO MODO A LAS PREOCUPACIONES DE AP Y OTROS CONSERVADORES. PERO, COMO SABEMOS POR MUCHAS CONVERSACIONES, EL GOBIERNO SIEMPRE HA TENIDO EN MENTE UN SISTEMA PROPORCIONAL QUE PERJUDICARA A LOS MINIPARTIDOS Y BENEFICIARA (DIERA ESCAÑOS A) LOS GRANDES»[31]. Martín Villa se lo dice claramente al embajador el 16 de noviembre: «LA INTENCIÓN DEL GOBIERNO NUNCA HA SIDO OTRA QUE UN SISTEMA QUE PERJUDICARA A LOS MINIPARTIDOS Y AGREGARA ESCAÑOS A LOS GRANDES [...] Y EXISTEN UNAS VEINTE VARIEDADES DE

---

[31] Cable 08633 MADRID, 16 de noviembre de 1976.

REPRESENTACIÓN PROPORCIONAL»[32]. El núcleo duro del sistema electoral alojado en la Ley para la Reforma –que es el actual: proporcionalidad corregida por el sufragio más desigual del planeta– se concibió así no tanto como un ardid para obtener una sobrerrepresentación electoral ante la seguridad de la victoria, sino más bien como garantía de un espacio propio ante un escenario incierto. Circunstancias meramente fortuitas y tácticas, anecdóticas en el sentido de no ancladas en visiones ideológicas del mundo o en valores relativos a la representación política, provocaron que en España no hubiera ni un sistema uninominal del tipo anglosajón, ni uno mixto, ni uno proporcional al uso, sino el híbrido inclasificable, desigualitario y brutalmente iliberal que llega hasta nuestros días.

---

[32] Cable 08681 MADRID, 16 de noviembre de 1976.

CAPÍTULO II
Martirio y mística: la legalización del PCE

El relato al uso sobre la legalización del Partido Comunista de España es uno de los más fascinantes de la Transición. Cumple con todos los requisitos para configurarse como la muestra arquetípica de lo que significó la recuperación de la democracia. Los mimbres con los que se teje son de novela: hay clandestinidad, hay dos protagonistas de leyenda, hay una conversación secreta –que, como mandan los cánones de las películas de cine negro, se inicia con el ofrecimiento de un cigarrillo, se prolonga durante horas y acaba en una hermosa amistad– y hay, por encima de todo, una promesa de entendimiento y de acuerdo. Es la imagen perfecta de la Transición. Los papeles de Stabler, sin embargo, si bien no llegan a oscurecer esa lectura, la sitúan en un marco muy diferente, el marco no de los ideales sino de los intereses.

Abordemos primero el relato, tal como innumerables veces se nos ha contado. En septiembre de 1976, cuando lanzó su proyecto de reforma, Suárez se reunió con los militares y les aseguró que los comunistas no podrían participar en las elecciones que tal proyecto incluía. Sin embargo, el Sábado Santo de 1977, solo siete meses después, legalizó el PCE para que pudiera presentarse y entrar en el nuevo parlamento. La reacción de la derecha y de los militares fue inmediata. Fraga declaró que aquello era «un verdadero golpe de Estado». Alfonso Armada, entonces secretario general de la Casa del Rey, lo tildó de «traición». «Conmigo en la vicepresidencia esto no hubiera pasado. Saco los tanques a la calle», afirmó el teniente general

De Santiago, anterior vicepresidente del Gobierno. Fue otro de los momentos más inciertos de todo el proceso de transición a la democracia[1].

¿Qué razones movieron a Suárez a tomar la arriesgadísima decisión de legalizar a los comunistas? Suelen apuntarse dos. La primera es la admirable demostración de templanza y responsabilidad que exhibió el PCE a principios de 1977. El día 24 de enero de ese año, varios terroristas de ultraderecha asesinaron a sangre fría, en un despacho de la calle Atocha de Madrid, a tres abogados comunistas, un estudiante de Derecho y un administrativo. En el ametrallamiento resultaron también heridas de gravedad cuatro personas más. En todo el país se sucedieron las muestras de repulsa, y el entierro de los asesinados fue la primera gran manifestación multitudinaria de la izquierda en España tras la muerte de Franco. Se calcula que acudieron más de 100.000 personas. No hubo ningún incidente, y los militantes del Partido Comunista –apoyados incluso por la policía– fueron los encargados de mantener el orden público y evitar cualquier tipo de desórdenes o estallidos de violencia.

Osorio afirma en sus memorias que fue a partir de ese momento cuando Suárez empezó a plantearse legalizar a los comunistas. Desde entonces, la tesis de que fue tras Atocha cuando se decidió a dar el paso es un lugar común en los estudios sobre la Transición. La tesis se encuentra tan asentada que aparece en la mismísima Wikipedia, en la que puede leerse que «esta manifestación silenciosa y pacífica (muchas personas levantan los puños al paso de los coches fúnebres) fue decisiva para que el presidente del Gobierno Adolfo Suárez decidiera legalizar al Partido Comunista de España dos meses y medio después».

---

[1] Para las citas literales de la reacción de la derecha, véase Josep M. Colomer, *El arte de la manipulación política*, Barcelona, Anagrama, 1990, p. 56.

La segunda razón que suele alegarse es la conversación secreta entre Suárez y Carrillo a la que se refiere el primer párrafo de este capítulo. Dado que el Partido Comunista era ilegal, Suárez –ya decidido, tras los asesinatos, a dar el paso– no podía, sin embargo, verse con Carrillo. De hecho, eso venía provocando una situación algo rocambolesca en las negociaciones con la oposición, una situación que, con su habitual perspicacia, Stabler había adelantado con acierto. Como ya hemos visto, tras el referéndum de la Ley para la Reforma los partidos de la oposición habían elegido una «Comisión de los Nueve» para negociar con el Gobierno. La primera reunión oficial entre la misma y Suárez tuvo lugar el día 23 de diciembre de 1976, solo ocho días después de tal referéndum. Duró hora y cuarto y acudieron, en representación de los Nueve, Jordi Pujol y Tierno Galván. Suárez venía contactando desde su nombramiento, de modo no oficial, con varios miembros de los partidos políticos ilegalizados durante el franquismo, pero esta vez era distinto. Esta vez se trataba de una reunión *pública*, con prensa, una reunión oficial con representantes de toda la oposición… a excepción de los comunistas, vetados explícitamente por el propio Suárez. Pero, a la vez, Carrillo era uno de los Nueve.

A la segunda reunión con Suárez, el día 11 de enero, acudieron cuatro representantes de los Nueve: Satrústegui, Jáuregui, Cañellas y González. Ya antes, en un cable del 5 de ese mes, Stabler intuye que «EL USO DE COMISIONES ROTATORIAS, QUE POSIBILITA QUE LOS NUEVE MIEMBROS RECIBAN INFORMACIÓN DESDE ARRIBA, FUE PROBABLEMENTE EL MODO MÁS SENCILLO DE LOGRAR UN CONSENSO. DADO QUE DEJA ABIERTA LA CUESTIÓN DE LA PARTICIPACIÓN DEL PCE EN ALGÚN FUTURO GRUPO, PERMITE ADEMÁS A LA OPOSICIÓN EN GENERAL Y AL PCE EN PARTICULAR MANTENER LA DISCRETA APARIENCIA DE QUE NO HAN PERMITIDO QUE EL GOBIERNO LES «DICTE» LA COMPOSICIÓN DEL GRUPO

NEGOCIADOR»[2]. Esto es, dado que Suárez no estaba dispuesto a entrevistarse con Carrillo, la Comisión de los Nueve decidió acudir a las reuniones mediante «subcomisiones» de cuatro personas que irían rotando. Ese modo de organizarse permitió salvar la negativa del Gobierno a entrevistarse con Carrillo y, a la vez, aparentar que la Comisión incluía a los comunistas, que siempre estuvieron en ella, pero en realidad nunca vieron a Suárez. La intuición de Stabler se ve verificada el día 14 de enero, gracias a una conversación con Cañellas, uno de los Nueve. Así sabe de primera mano que, tras el veto de Suárez a los comunistas,

CARRILLO SUGIRIÓ QUE LOS DOS EMISARIOS INICIALES, TIERNO Y PUJOL, CONTINUARAN ENCABEZANDO LAS NEGOCIACIONES. SIN EMBARGO, ESTO NO ERA ACEPTABLE NI PARA CAÑELLAS NI PARA EL REPRESENTANTE DEL PSOE FELIPE GONZÁLEZ (UNA FUENTE DEL PSOE CONFIRMA ESTO). SUGIEREN QUE CARRILLO SIMPLEMENTE SE APARTE Y QUE LAS NEGOCIACIONES CON SUÁREZ SEAN PROTAGONIZADAS POR LOS OCHO MIEMBROS RESTANTES. EL COMPROMISO QUE SE ADOPTA AL FINAL –QUE LAS DISCUSIONES SEAN LLEVADAS A CABO POR SUBGRUPOS DE CUATRO– CONTINUARÍA SIENDO ACEPTABLE[3].

Es en este peculiar contexto cuando, ya a finales de febrero, Suárez decide verse con Carrillo de modo clandestino. El abogado José Mario Armero –que desde agosto del 76 hace de enlace entre Suárez y Carrillo– organiza una reunión secreta entre ambos el 27 de ese mismo mes en su chalé de Pozuelo. Suárez solo se lo adelanta al rey, a Torcuato y a Osorio. Torcuato y Osorio no estaban de acuerdo y pensaban que era un error, pero Suárez siguió adelante. Durante el encuentro, que duró seis

---

[2] Cable 00075 MADRID, 5 de enero de 1977.
[3] Cable 00330 MADRID, 14 de enero de 1977.

horas, Suárez y Carrillo fumaron varios paquetes de cigarrillos, bebieron café y whisky, congeniaron personalmente y, sobre todo, hablaron de política «con P mayúscula», como luego contaría muchas veces Carrillo. Suárez se comprometió a legalizar el Partido Comunista de modo que se pudiera presentar a las elecciones. Además, autorizó la cumbre eurocomunista convocada en Madrid los días 2 y 3 de marzo, a la que habían comprometido su asistencia los líderes comunistas francés e italiano, Georges Marchais y Enrico Berlinguer, respectivamente. A cambio, Carrillo aceptó la monarquía, renunció a la bandera republicana y se comprometió a no poner en duda la unidad nacional.

Stabler desconoce la reunión. Sin embargo, y a pesar de ello, sus cables arrojan una considerable luz sobre los verdaderos motivos por los que Suárez y el rey, que durante este periodo era quien realmente aprobaba todos los movimientos del Gobierno, acabaron siendo partidarios de la legalización de los comunistas. Tales motivos pueden rastrearse a lo largo de noticias y teletipos que cubren varios meses. Podemos exponerlos cronológicamente.

La postura inicial del Gobierno Suárez, y, en general, de los *hombres del rey*, con respecto a la cuestión de los comunistas consistía en celebrar las primeras elecciones sin legalizarles, asumiendo que las Cortes salidas de tales comicios legalizarían posteriormente al PCE. Esta postura inicial había sido publicitada ya durante el Gobierno de Arias. En junio de 1976, Fraga –por aquel entonces uno de los *hombres del rey* en ese Gobierno, recordemos– había declarado en una entrevista en el *New York Times* que ese era el plan: legalizarles después de las primeras elecciones. Esta afirmación causó un enorme malestar en los sectores militares e inmovilistas, que no estaban dispuestos a legalizar, ni después ni nunca. El propio vicepresidente del Gobierno Arias, el teniente general De Santiago, le exigió a Fraga que se retractase de sus palabras, algo a lo que este se negó. Esta postura inicial será en la que se mantenga también Torcuato, que por eso no vio con buenos ojos que Suárez acabara legalizando el PCE antes de las primeras elecciones. Y, sin duda, el propio Suárez y el rey estaban, en julio de 1976, cuando el primero accede a la presidencia, de acuerdo con la misma. Ese era el plan, pero, mientras Torcuato no vio motivos para cambiarlo, el rey y Suárez acabaron abandonando la idea. Lo que los cables de Stabler nos permiten es comprobar el conjunto de motivos, eminentemente *políticos*, que empujaron a ambos (y, por lo demás, al propio Stabler, como veremos) a cambiar de opinión hasta considerar que la legalización de los comunistas antes de las elecciones era una necesidad imperiosa. Una conclusión a la que los tres llegaron *antes* de la matanza de Atocha.

Pero volvamos a la propuesta inicial. Carrillo la conocía desde 1975. Se la había hecho llegar nada menos que el rey, que tenía sus propios intermediarios, en este caso a través de Rumanía y de Prado y Colón de Carvajal. Lo que el emisario regio les planteó a los comunistas fue eso, que el partido no podría, como tal, presentarse a las primeras elecciones, pero que, por un lado, nada impediría que sus líderes se presentaran a las mismas como candidatos «independientes» y que, por otro, y una vez salvado ese obstáculo, el parlamento así elegido, ya con el PSOE y los otros partidos opositores dentro, legalizaría las siglas comunistas. Carrillo se negó en redondo: o acudían legalizados a las elecciones, o deslegitimarían todo el proceso. Y así seguían las tornas en el verano de 1976.

La postura inicial de los *hombres del rey* venía condicionada por cuatro factores: primero, el absoluto rechazo de los militares a la legalización del PCE; segundo, la poca o nula disposición que la población española mostraba, a tenor de las encuestas que manejaba el Gobierno, hacia la misma; tercero, la decisión del resto de partidos de la oposición, y sobre todo del PSOE, sobre si entrar o no en el juego de la reforma a pesar de que los comunistas estuviesen fuera de la ley, y cuarto, la posición que al respecto adoptaran las otras potencias, Estados Unidos y los países europeos especialmente. La primera cuestión no conoció nunca mayor alteración. La oposición del búnker fue una constante con la que hubo que contar hasta el final: rechazo absoluto a que los comunistas tuvieran un sitio en la política española. La segunda fue modificándose con el tiempo. Suárez observa cómo la sociedad española va abriéndose a la legalización del partido, y detalla en varios de los cables de Stabler los porcentajes exactos que van señalando las encuestas. El 10 de noviembre de 1976, el ministro De la Mata, sin duda reflejando la posición del Gobierno en ese momento, le dice a Stabler que «LA SOCIEDAD ESPAÑOLA NO ESTABA TODAVÍA PREPARADA» para legalizar a los comunistas[4]. El 6 de enero, en una reunión con el canciller alemán Helmut Schmidt en la que está también presente el rey, Suárez afirma que, mientras que «EN JULIO DEL 76 SEGÚN LAS ENCUESTAS SOLO UN 6% DE LOS ESPAÑOLES ERA PARTIDARIO DE LEGALIZAR EL PCE, SIN EMBARGO, RECIENTEMENTE UN 20-25% ERAN FAVORABLES A LIBERAR A CARRILLO [que en ese momento había sido detenido] Y ESE ES UN PRIMER PASO EN ESA DIRECCIÓN»[5]. Así, el 21 de abril, ya tomada la decisión, Suárez le dice a Stabler que, «AUNQUE UNA ENCUESTA PÚBLICA DE OPINIÓN RECIÉN ENCARGADA PARA EL GOBIERNO MOSTRABA QUE UN 51% COMPRENDÍA Y ACEPTABA LA LEGALIZACIÓN DEL PCE, ÉL CREÍA IMPORTANTE QUE ÉL PERSONALMENTE EXPLICARA LA CUESTIÓN AL PAÍS», cosa que hizo el 3 de mayo, en una emisión televisiva especial[6].

Con respecto a la participación del PSOE y de otros partidos de la oposición en las elecciones con un PCE ilegalizado,

---

[4] Cable 08532 MADRID, 10 de noviembre de 1976.
[5] Cable 00294 MADRID, 14 de enero de 1977.
[6] Cable 03067 MADRID, 21 de abril de 1977.

los cables también reflejan una evolución clarísima. En teoría, los partidos opositores, y especialmente el PSOE, defendían que el PCE tenía que ser legalizado, y que, de no ser así, no se subirían a la reforma, que sin ellos naufragaría. Suárez, sin embargo, tuvo pronto sólidos indicios de que no iba a haber demasiados problemas al respecto. El 30 de julio de 1976, Sánchez Terán, gobernador civil de Barcelona y persona muy próxima al Gobierno, afirma que «ÉL YA HABÍA CONSEGUIDO UN ACUERDO POR ESCRITO CON LA OPOSICIÓN DEMOCRÁTICA DE IZQUIERDAS EN BARCELONA PARA PARTICIPAR POSITIVAMENTE EN EL REFERÉNDUM Y EN LAS CONSIGUIENTES ELECCIONES A PESAR DE LA EXCLUSIÓN DE LOS COMUNISTAS. TAL ACUERDO NO SE HABÍA LOGRADO EN MADRID, PERO ÉL ESTABA CONVENCIDO DE QUE HABRÍA UNA PARTICIPACIÓN NACIONAL DE LA OPOSICIÓN DE IZQUIERDA»[7]. En general, esa temprana impresión se mantiene siempre; de hecho, es parte constitutiva de la estrategia de la reforma, ya que Suárez, el rey y Torcuato asumieron que el PCE sería ilegal, pero que los demás partidos entrarían en el juego.

Suárez le dice a Stabler, el 6 de agosto del 76, que está «INTRIGADO POR LA ENORME DIFERENCIA ENTRE LO QUE ALGUNOS DE LOS LÍDERES POLÍTICOS LE DICEN A ÉL (EN PRIVADO) Y LOS ANÁLISIS DE LA SITUACIÓN POLÍTICA QUE APARECEN EN LA PRENSA»[8]. El 1 de septiembre Osorio insiste en esa idea ante Stabler: «LA PRINCIPAL DIFICULTAD CON LA OPOSICIÓN ERA SU INSISTENCIA EN QUE LOS COMUNISTAS FUERAN LEGALIZADOS E INTEGRADOS EN EL SISTEMA POLÍTICO. MIENTRAS PRIVADAMENTE ALGUNOS DE LOS LÍDERES DE LA OPOSICIÓN ENTENDÍAN LA POSICIÓN DEL GOBIERNO, CONTINUABAN DEMANDANDO PÚBLICAMENTE LA LEGALIZACIÓN DEL PARTIDO COMUNISTA COMO UN PRECIO DEL ACUERDO CON

---

[7] Cable 05861 MADRID, 30 de julio de 1976.
[8] Cable 06047 MADRID, 6 de agosto de 1976.

EL GOBIERNO. OSORIO DIJO CON ROTUNDIDAD QUE EL GOBIERNO NO ESTABA PREPARADO PARA PAGAR ESE PRECIO»[9]. En los partidos opositores, esa suerte de esquizofrenia público-privado va a ser la norma hasta la celebración del referéndum el 15 de diciembre de 1976. La oposición democrática al franquismo la conformaban múltiples grupos políticos y, en consecuencia, existían en su seno diferentes estrategias con respecto a la reforma de Suárez. En buena medida, la aparente firmeza de las reivindicaciones públicas (formación de un Gobierno amplio y democrático que garantizara unas elecciones constituyentes imparciales, amnistía, libertades, reconocimiento de las nacionalidades, legalización del Partido Comunista, etc.) convivía con la asunción más o menos privada –por parte de los dirigentes de las diferentes formaciones– de que la estrategia de Suárez iba a dar resultado y de que, en consecuencia, había que ir tomando posiciones de cara a una próxima cita electoral. Eso explica que en los meses de noviembre y diciembre de 1976 coincidieran, de modo contradictorio, estrategias dispares no solo entre los diferentes grupos de la oposición, sino incluso en el interior de los mismos grupos.

Quizá la muestra más acabada de esa contradictoria dinámica fue lo acontecido en la primera mitad de diciembre de 1976. Por un lado, la inmensa mayoría de los partidos de la oposición rechazaron tomar parte en el referéndum, convocaron una huelga general y mostraron en público su absoluto rechazo a la reforma pactada en las Cortes de la dictadura. Por otro, sin embargo, en fecha tan temprana como el 1 de diciembre –es decir, 15 días *antes* del referéndum–, esos mismos partidos eligieron internamente a los nueve miembros de la futura comisión que negociaría con Suárez todo lo relativo a la reforma: ley electoral, sindicatos, desaparición del Movimiento, etc. Se oponían a la reforma mientras se preparaban para ella.

---

[9] Cable 06695 MADRID, 1 de septiembre de 1976.

Los abrumadores resultados del referéndum aclararon el panorama de raíz. La participación fue del 77,8% y el sí a la reforma obtuvo nada menos que un 94,17% de los votos. No hay, o no hemos encontrado, demasiada bibliografía con respecto a este particular referéndum, pero lo cierto es que cabe albergar ciertas sospechas en torno a su legitimad. Como venimos diciendo, los partidos de la oposición democrática solicitaron la abstención. Pero, aun así, y sorprendentemente, la participación fue del 77,8%. En las primeras elecciones, que se celebrarían tan solo seis meses después, esos mismos partidos (que sumarían más de la mitad del voto) legitimaron la cita con las urnas, hicieron campaña electoral y animaron a la ciudadanía a votar. Y, paradójicamente, la participación fue casi idéntica (78,8%). Cabe recordar que el referéndum fue organizado por el Ministerio del Interior de lo que todavía era una dictadura, y que las garantías propias de un procedimiento electoral democrático (apoderados, judicialización del escrutinio, transparencia, etc.) estaban del todo ausentes: por aquel entonces el procedimiento electoral de Alzaga dormía el sueño de los justos en algún cajón del Ministerio de Justicia.

Pero, sea de ello lo que fuere, el caso es que los partidos de la oposición asumieron que era la propia población española la que avalaba la iniciativa del presidente del Gobierno, y cambiaron de táctica. De intentar deslegitimar todo el proceso de reforma, pasaron a asumirlo en su integridad y a luchar por influir en él. Pero el PCE seguía ilegalizado. Como hemos visto, aunque Carrillo estaba en la «Comisión de los Nueve», en realidad no se le permitía ver a Suárez, que podía permitirse el lujo de vetar a uno de los negociadores. A partir de ahí, el presidente tiene ya la certeza de que, incluso con el PCE ilegalizado, los otros partidos de la oposición acudirán a las elecciones.

Quedaba todavía otra variable, la de la posición de Estados Unidos y las democracias europeas. Los cables de Stabler arrojan luz sobre la primera y, sorprendentemente, también sobre la postura alemana. Y aquí vamos a asistir, en paralelo a lo que ocurre con Suárez y el rey, a una marcada evolución al respecto. En 1975, el propio Stabler deja clara la negativa de Estados Unidos a legalizar a los comunistas. El 22 de diciembre, en lo que es una excepcional concesión a una cuestión sobre la personalidad de su interlocutor, comienza un teletipo escribiendo «ESTA TARDE REALICÉ UNA VISITA DE CORTESÍA AL MINISTRO DE INTERIOR FRAGA. ME RECIBIÓ CORDIALMENTE Y TRAS HORA Y MEDIA DE CONVERSACIÓN ME SENTÍ COMO SI HUBIERA ATRAVESADO UN TÚNEL DE VIENTO. ES UN HOMBRE DE UNA VEHEMENTE PRESENCIA E INTENSIDAD». Más allá de eso, deja clara su postura: «TAMBIÉN DIJE QUE COMPARTIMOS COMPLETAMENTE LAS OPINIONES PÚBLICAS EXPRESADAS POR FRAGA DE QUE EN LA EVOLUCIÓN DE ESPAÑA HACIA UNA SOCIEDAD DEMOCRÁTICA, NO PODRÍA HABER ESPACIO PARA EL PARTIDO COMUNISTA ESPAÑOL»[10]. Así pues, en diciembre de 1975 Estados Unidos no quiere legalizar, y el Gobierno lo sabe y lo comparte.

Sin embargo, ya hemos visto que el propio Fraga, en junio de 1976, confiesa en el *New York Times* lo que hemos llamado la postura inicial, esto es, no legalizar ahora pero sí tras las elecciones. El mes siguiente, Sánchez Terán habla con Samuel D. Eaton, el Deputy Chief of Mission (DCM) de la embajada de Estados Unidos, una suerte de viceembajador o segundo de Stabler. Sánchez Terán le pregunta directamente por la posición de Estados Unidos al respecto. «EL DCM DIJO QUE LOS EEUU CONSIDERABAN QUE LA DECISIÓN SOBRE LA LEGALIZACIÓN DEL PARTIDO COMUNISTA LA TENÍA QUE TOMAR ESPAÑA EN SOLITARIO, PERO QUE AL MISMO TIEMPO LOS EEUU NO TIENEN NINGUNA FE EN LAS CREDENCIALES DEMOCRÁTICAS O EN LA FUTURA CONTRIBUCIÓN A LA DEMOCRACIA DE LOS COMUNISTAS. SÁNCHEZ TERÁN APLAUDIÓ ESTA POSICIÓN, PERO

---

[10] Cable 08966 MADRID, 22 de diciembre de 1975.

DIJO QUE ERA DIFERENTE A LA POSICIÓN QUE LOS CÍRCULOS DEL PODER POLÍTICO PIENSAN QUE TIENEN LOS EEUU»[11]. Aquí Sánchez Terán cuenta que, tras las declaraciones de Fraga en el *New York Times*, el general De Santiago le pidió que se retractara, alegando, entre otras cosas, que Estados Unidos se oponía a la legalización. Eaton contestó que «LOS REPRESENTANTES DE LOS EEUU EN MADRID HAN SIDO COHERENTES MANTENIENDO LA POSTURA DE LOS EEUU ANTE LOS INTERLOCUTORES POLÍTICOS ESPAÑOLES, Y SEÑALÓ QUE SIN DUDA LA POSTURA DEL GENERAL DE SANTIAGO SOBRE LA LEGALIZACIÓN DE LOS COMUNISTAS SEGUIRÍA SIENDO LA MISMA CON INDEPENDENCIA DE LA POSTURA DE LOS EEUU»[12]. Es decir, Eaton mantiene ahora que, aunque Estados Unidos no cree que sea una buena idea, es España la que tiene que tomar la decisión y Estados Unidos no se opondrá.

Como se desprende, en seis meses ha habido una evolución reseñable tanto en la postura norteamericana como en la de Fraga (un *hombre del rey*, recordemos, durante la primera mitad de 1976). Pero es que, en seis meses más, el giro va a ser completo. El 18 de enero de 1977, Suárez invita al embajador a comer en Moncloa. Está presente Marcelino Oreja, el ministro de Exteriores. Hablan de muchísimos asuntos, es una conversación tan extensa que Stabler la tiene que dividir en cinco cables diferentes, algo que casi nunca ha hecho antes. Uno de esos cables, el tercero, está dedicado a la «SITUACIÓN POLÍTICA INTERNA»[13]. Ahí hablan de la legalización del PCE. Por muchos motivos, se trata de un diálogo crucial. Suárez le está explicando a Stabler el nuevo procedimiento para que todos los partidos sean legalizados. Consiste en que estos entreguen la

---

[11] Cable 05861 MADRID, 30 de julio de 1976.
[12] *Ibid.*
[13] Cable 00458 MADRID, 19 de enero de 1977.

solicitud y los correspondientes estatutos, y el ministerio simplemente los registre. Solo en caso de que hubiera sospechas de partidos «totalitarios» o que persiguieran objetivos contrarios a la ley, se llevarían ante la justicia. Esa, la de los tribunales, era la vía para ilegalizar un partido y se había ideado *ex profeso* para el PCE. Sin embargo, la postura del presidente es inequívoca:

SUÁREZ INDICÓ CLARAMENTE QUE, DE TODOS MODOS, EL GOBIERNO CONSIDERARÍA MÁS CONVENIENTE QUE LOS TRIBUNALES DECIDIERAN QUE EL REGISTRO DEL PCE ERA ACEPTABLE. SUÁREZ DUDABA DE QUE EL PCE SUPERARÍA EL 7% EN UNA ELECCIÓN[14].

Suárez, por tanto, prefiere legalizar. No solo eso:

SUÁREZ ME PREGUNTÓ ENTONCES QUÉ PENSABA YO DEL PROBLEMA COMUNISTA Y DE CÓMO LO ESTABA MANEJANDO EL GOBIERNO. RESPONDÍ QUE, SI EL PCE ERA LEGALIZADO O NO, O SI SE LE PERMITÍA AL MENOS PARTICIPAR EN LAS ELECCIONES, ERA UN PROBLEMA QUE ESPAÑA TENÍA QUE DECIDIR SIN INTERFERENCIA EXTRANJERA. SUÁREZ DIJO QUE ESO ERA UNA «RESPUESTA DIPLOMÁTICA» Y QUE ÉL NO QUERÍA ESO DE MÍ. RESPONDÍ QUE, AUNQUE NOSOTROS SIEMPRE ESTAMOS PREOCUPADOS POR EL ROL Y LAS ACTIVIDADES DE LOS PARTIDOS COMUNISTAS EN LOS PAISES DEMOCRÁTICOS, *PODÍA COMPRENDER Y APRECIAR LOS ARGUMENTOS PARTICULARES EN EL CASO ESPAÑOL PARA PERMITIR QUE LOS COMUNISTAS PARTICIPARAN* EN LAS ELECCIONES Y PODER ASÍ OBTENER UNA MUESTRA DE SU REPRESENTATIVIDAD. HASTA QUE ESO LLEGARA (Y ASUMIENDO UN PORCENTAJE BAJO EN LAS ELECCIONES), DEBIDO A SU MEJOR ORGANIZACIÓN Y A LA MÍSTICA QUE HAN CREADO EXITOSAMENTE A SU ALREDEDOR, PARE-

---

[14] *Ibid.*

CÍAN SER UN MAYOR PELIGRO PARA EL PROCESO DEMOCRÁTICO DE LO QUE REALMENTE ERAN (la cursiva es nuestra)[15].

En doce meses, los del año 1976, el embajador de Estados Unidos ha pasado de decirle a Fraga que estaban de acuerdo en no legalizar a los comunistas a decirle a Suárez que entendía los motivos para legalizarlos en el caso español. En esos mismos doce meses, Suárez y el rey han evolucionado desde la postura inicial de no legalizar hasta la consideración de que lo mejor sería que el PCE estuviera en las papeletas electorales. Esta conversación con Stabler es fascinante por varios motivos. Uno es, sin duda, la inigualable personalidad de Suárez, apretando al embajador plenipotenciario de los Estados Unidos para que abandone el rebuscado lenguaje diplomático y hable claro y sin rodeos. Otro es que el cable demuestra a las claras que Estados Unidos le estaba dando vía libre al Gobierno español para que legalizara a los comunistas antes de las elecciones. Un tercero es que resulta evidente que el 18 de enero de 1977, antes de los asesinatos de Atocha, Suárez ya estaba decidido a legalizar, por lo que Atocha no pudo ser el desencadenante de la decisión. Aquí, de nuevo, parece que cierta visión edulcorada de la política ha logrado imponer su perspectiva. La pregunta ha de reformularse: ¿por qué? ¿Por qué Stabler, Suarez y –como veremos– el rey han cambiado de opinión? ¿Cuáles son esos «ARGUMENTOS PARTICULARES EN EL CASO ESPAÑOL» que se citan en la conversación pero no se explicitan?

Uno lo había adelantado Stabler en fecha tan temprana como el 4 de noviembre de 1975: «A ALGUNAS FUERZAS DE OPOSICIÓN DEMOCRÁTICA LES GUSTARÍA VER LEGALIZADO EL PARTIDO COMUNISTA (PCE) YA QUE CREEN QUE LA EXCLUSIÓN LE CONCEDE AL PCE LA VENTAJA DEL MARTIRIO MIENTRAS MEJO-

---

[15] *Ibid.*

RA SU ORGANIZACIÓN CLANDESTINA»[16]. Esta aureola de legitimidad antifranquista que concedía a los comunistas la mera ilegalidad la perciben con toda claridad los otros partidos de la oposición, si bien al Gobierno, en la fecha del cable (con Franco todavía vivo), sin duda no le preocuparía demasiado. Un año después, con la nueva dinámica que implica la reforma, las cosas son diferentes. La ilegalidad de los comunistas afecta a la posición de otras fuerzas. El 2 de diciembre de 1976, con la Ley para la Reforma recién aprobada, Stabler escribe que

ESTE «MARTIRIO POLÍTICO» DE LOS COMUNISTAS TIENE EL EFECTO POCO DESEABLE DE OBLIGAR AL PSOE A ABRAZAR AL PCE PARA MANTENERLO A DISTANCIA. LA POSICIÓN DEL GOBIERNO SOBRE LA LEGALIZACIÓN DEL PCE, AUNQUE COMPRENSIBLE, ES POR LO TANTO EN PARTE RESPONSABLE DEL GRADO DE COOPERACIÓN TÁCTICA QUE EXISTE ENTRE LOS COMUNISTAS Y EL PSOE Y TAMBIÉN HA CONTRIBUIDO A ENDURECER LA POSTURA DEL PSOE, AL MENOS EN PÚBLICO, EN MUCHOS TEMAS RELACIONADOS CON LA REFORMA. TODO ESTO HA HECHO QUE LA DIRECCIÓN DEL PSOE SE HAYA VISTO OBLIGADA A ESGRIMIR UN ARMA PARA PROTEGER A LOS COMUNISTAS CUANDO A MENUDO HUBIERA PREFERIDO SER LIBRE DE USARLA CONTRA ELLOS[17].

Otro cable de diciembre del 76 ofrece más pistas, además de justificar el plural del título de este ensayo. En él, Georg von Lilienfeld, embajador extraordinario y plenipotenciario de la República Federal de Alemania –esto es, otro espía–, le cuenta a Stabler una reunión del 6 de diciembre entre Suárez, el líder de la socialdemocracia europea Willy Brandt y Hans Matthöfer, entonces ministro alemán de Investigación y Tecnología, y miembro también del Partido Socialdemócrata. Los dos han

---

[16] Cable 07687 MADRID, 4 de noviembre de 1975.
[17] Cable 09118 MADRID, 2 de diciembre de 1976.

venido para el congreso que por esos días celebró el PSOE en Madrid, pero han ido también a Presidencia a ver a Suárez. Y luego irán a Zarzuela, a ver al rey. El embajador alemán, testigo de todas esas reuniones, le cuenta a Stabler el meollo de las mismas, y Stabler se las transcribe a Kissinger. De nuevo la cita merece su propio espacio:

CON RESPECTO A LA LEGALIZACIÓN DEL PARTIDO COMUNISTA, SUÁREZ SEÑALÓ QUE, AUNQUE *TANTO A ÉL COMO A EL REY Y A OTROS LES GUSTARÍA LEGALIZAR YA AL PARTIDO COMUNISTA*, NO ERA POSIBLE AHORA MISMO, EN PARTICULAR POR LA OPOSICIÓN DEL EJÉRCITO. SUÁREZ HABÍA INDICADO QUE, AUNQUE LA OPOSICIÓN EN EL EJÉRCITO (PARTICULARMENTE EN LOS GRADOS MEDIOS Y EN LOS MÁS JÓVENES) SE HABÍA REDUCIDO Y ÉL CITÓ ALGUNAS CIFRAS DE UNA ENCUESTA RECIENTE, ERA TODAVÍA MUY FUERTE COMO PARA ARRIESGAR LA LEGALIZACIÓN. SUÁREZ CITÓ ALGUNAS DE LAS HABITUALES RAZONES PARA LA LEGALIZACIÓN, PERO AÑADIÓ UN NUEVO TOQUE, QUE ERA QUE UN PARTIDO COMUNISTA LEGALIZADO PODRÍA SER DE AYUDA PARA EL GOBIERNO A LA HORA DE TRATAR CON UNA SITUACIÓN ECONÓMICA QUE EMPEORABA EN ESPAÑA (la cursiva es nuestra)[18].

Un poco más adelante, el embajador alemán traslada a Stabler lo siguiente:

SOBRE LA CUESTIÓN DE LA LEGALIZACIÓN DE LOS COMUNISTAS BRANDT ESTABA A FAVOR, MIENTRAS QUE LA POSICIÓN DE MATTHÖFER ERA NEGATIVA. ESTE ÚLTIMO BASABA SU POSTURA PRINCIPALMENTE EN MOTIVOS TÁCTICOS, ESTO ES, NO LEGALIZAR A LOS COMUNISTAS HARÍA QUE EL PSOE RECIBIERA VOTOS QUE DE OTRO MODO HABRÍAN IDO A LOS COMUNISTAS[19].

---

[18] Cable 09280 MADRID, 8 de diciembre de 1976.
[19] *Ibíd.*

La visita de Brandt y Matthöfer es crucial porque también se reúnen, lógicamente, con Felipe González y esa conversación aparece asimismo en el cable de Stabler. Recordemos que estamos a 6 de diciembre y que el referéndum de la Reforma ni siquiera se ha celebrado (será el día 15). El cable desvela que Brandt tiene un mensaje clarísimo para los dirigentes socialistas: moderación.

Les pide que legitimen el referéndum, les habla muy positivamente de Suárez y del rey (especialmente de este último, que, a pesar de la mala impresión que Matthöfer tenía de él, les ha convencido de sus intenciones sinceramente democratizantes), les pide que allanen el camino de la negociación y, sobre todo, les urge a «SU DEFINITIVA PARTICIPACIÓN EN LAS ELECCIONES» (a pesar de que el PCE estuviera ilegalizado por aquel entonces).

Podemos deducir que, de la misma manera que la oposición se encontraba atrapada en una situación algo esquizofrénica entre sus declaraciones privadas, en las que entendían a Suárez y su negativa a legalizar al PCE por miedo a una involución, y públicas, en las que exigían esa legalización como condición *sine qua non* para la democratización, Suárez tenía que hacer componendas similares. A Brandt y a Matthöfer les asegura que desea legalizar, pero que de momento no puede. Sin embargo, a otros agentes no puede hablarles con esa franqueza, probablemente porque se haría público y eso era algo que no se podía permitir. Así, el mismo día 6 de diciembre, tras reunirse con los representantes alemanes durante hora y cuarto, Suárez se reunió por la tarde con Trías Fargas, el líder Esquerra Democrática. Stabler recoge en otro cable el contenido de esa conversación, relatada posteriormente por el propio Trías Fargas a agentes del consulado de Estados Unidos en Barcelona. «TRÍAS FARGAS DIJO QUE PLANTEÓ EL TEMA DE LA LEGALIZACIÓN DEL PCE. LA RESPUESTA DE SUÁREZ, DIJO TRÍAS FARGAS, FUE COMPRENSIVA PERO INEQUÍVOCAMENTE NEGATIVA, HACIENDO NOTAR LA OPOSICIÓN DEL EJÉRCITO, SU PROPIO (DE

SUÁREZ) HISTORIAL DE CONVENCIDA OPOSICIÓN AL COMU-
NISMO DURANTE AÑOS Y LA IDEA DE QUE TAL MOVIMIENTO
LIBERARÍA FUERZAS IMPOSIBLES DE CONTROLAR»[20]. Estas
palabras de Suárez son solo unas horas posteriores a las que
había dirigido a Brandt y Matthöfer, pero mucho más con-
tundentes.

Exactamente un mes después de aquello, el 6 de enero, es
Helmut Schmidt, el canciller alemán, el que visita España. Ahora el embajador alemán no solo le comenta a Stabler las conversaciones: directamente le envía el cable que remitió en su día a
Bonn. Una inusitada colaboración entre espías, por muy aliados que fueran. Merece la pena dedicarle espacio al cable que
Stabler manda a Kissinger el día 14, una semana después de los
hechos. Se trata de un telegrama que muestra de modo inmejo-
rable el tipo de conversaciones que tienen los poderosos, más
allá de las inconexas y fantasmales imágenes que llegan a la prensa. Es mucho más largo de lo normal (10 folios, nada menos), y
todo en él es interesantísimo, si bien aquí incluiremos tan solo
algunos extractos.

EL EMBAJADOR ALEMÁN ME HA DADO EN CONFIANZA UNA
COPIA DE SU TELEGRAMA AL MINISTERIO DE EXTERIORES DE
BONN INFORMANDO SOBRE LAS CONVERSACIONES EN MADRID
DEL 6 Y 7 DE ENERO ENTRE EL CANCILLER SCHMIDT, EL REY Y EL
PRESIDENTE SUÁREZ. LO QUE SIGUE ES UNA TRASLACIÓN INFOR-
MAL DEL TELEGRAMA ALEMÁN. AGRADECERÍA QUE NO SE MEN-
CIONARA A LOS ALEMANES NI EN BONN NI EN WASHINGTON QUE
TENEMOS ESTE TELEGRAMA.

[...] EL CANCILLER ALEMÁN RECONOCIÓ EL PROGRESO HE-
CHO EN TAN CORTO TIEMPO. ÉL INSISTIÓ EN AMBAS CHARLAS EN
NUESTRO INTERÉS (DE LOS ALEMANES) EN EL ÉXITO DEL PROCE-
SO DE DEMOCRATIZACIÓN, ASÍ COMO EN LA IMPORTANCIA DEL

---

[20] Cable 00074 MADRID, 5 de enero de 1977.

PROGRESO ECONÓMICO Y POLÍTICO Y DE LA «CONTENCIÓN» DEL COMUNISMO EN EUROPA.

[…] SUÁREZ DIJO QUE […] EL ACUERDO DE LAS CORTES CON LA REFORMA ERA LA PRUEBA DE QUE EL MÉTODO DE IR PASO A PASO, BASADO EN LA LEGALIDAD, ERA EL MÉTODO CORRECTO Y QUE ERA DECISIVO DESDE UN PUNTO DE VISTA PSICOLÓGICO PARA INFLUIR EN LA POSTURA DEL EJÉRCITO […] ASÍ EL EJÉRCITO ERA CAPAZ DE MANTENER UNA BUENA CONCIENCIA PARA APOYAR EL PROCESO REFORMISTA SIN PROBLEMAS DE CONCIENCIA. EL CANCILLER DENOMINÓ A ESTA AUTODESTRUCCIÓN DE LAS CORTES COMO UN IMPRESIONANTE ACTO DE INTELIGENCIA POLÍTICA. ENTONCES PREGUNTÓ A QUIÉN DEBEN OBEDIENCIA LOS MILITARES […] SUÁREZ INSISTIÓ DE NUEVO EN LA ABSOLUTA LEALTAD DEL EJÉRCITO PARA CON EL REY.

SUÁREZ AÑADIÓ TAMBIÉN QUE ÉL TENDRÍA PRESENTE, EN SU DIÁLOGO CON LA OPOSICIÓN, NORMAS DEMOCRÁTICAS BÁSICAS Y EL CONTROL COMPARTIDO DE TODO DURANTE LAS ELECCIONES LIBRES. LA LEGALIZACIÓN DEL PARTIDO COMUNISTA ES AQUÍ UN PROBLEMA. LA MAYORÍA DEL EJÉRCITO Y DE LA POBLACIÓN ESTÁN TODAVÍA HOY EN CONTRA. CARRILLO ESTÁ TODAVÍA MUY CONTAMINADO POR ACCIONES DE LA GUERRA CIVIL. EL PSOE DEMANDA EL RECONOCIMIENTO DE LOS COMUNISTAS, PERO SERÁ UNA CUESTIÓN DIFÍCIL Y DELICADA. ÉL ESPERA LA COMPRENSIÓN DE LA OPOSICIÓN DEMOCRÁTICA, YA QUE ÉL NO PUEDE FORZAR LA CUESTIÓN. ESTO PODRÍA, SIN EMBARGO –COMO TANTAS COSAS EN ESPAÑA RECIENTEMENTE–, CAMBIAR EN UNAS POCAS SEMANAS, *INCLUSO ANTES DE LA ELECCIÓN.* EL CANCILLER ALEMÁN REMARCÓ QUE LA INCERTIDUMBRE SOBRE LA FUERZA REAL DE LOS COMUNISTAS PODRÍA FORTALECERLES Y QUE QUIZÁ SERÍA MEJOR TENER CLARA ESA FUERZA, Y NO DESCONOCIDA. *SUÁREZ DIJO QUE CIERTAMENTE SERÍA MÁS FÁCIL PARA EL RÉGIMEN RECONOCER A LOS COMUNISTAS.*

LA OPINIÓN PÚBLICA SE ESTÁ MOVIENDO EN ESA DIRECCIÓN. EN JULIO DE 1976, SOLO EL 6% ESTABA A FAVOR DE RECONOCER

AL PARTIDO COMUNISTA; PERO HACE POCO 20-25% ESTABAN A FAVOR DE LIBERAR A CARRILLO Y ESO ES EL PRIMER PASO REAL EN ESA DIRECCIÓN. [...] EL CANCILLER ALEMAN HIZO HINCAPIÉ EN LA NECESIDAD DE ESTABLECER LO ANTES POSIBLE SINDICATOS LIBRES. DE LO CONTRARIO, LOS COMUNISTAS EN LA CLANDESTINIDAD PODRÍAN GANAR UNA GRAN INFLUENCIA EN LOS SINDICATOS, COMO POR EJEMPLO EN FRANCIA E ITALIA. MIENTRAS LOS COMUNISTAS NO TUVIERAN OTRAS POSIBILIDADES POLÍTICAS PRÁCTICAS, SE CON-CENTRARÍAN EN LOS SINDICATOS. LA CAPACIDAD DE ALEMANIA PARA SUPERAR LA RECIENTE CRISIS ECONÓMICA CON RELATIVA FACILIDAD SOLO FUE POSIBLE PORQUE NUESTROS SINDICATOS NO ESTABAN BAJO EL LIDERAZGO COMUNISTA SINO SOCIALDE-MÓCRATA, Y DEMÓCRATA-CRISTIANO EN MENOR MEDIDA, Y SE SENTÍAN CORRESPONSABLES DE TODO EL PROBLEMA. HA HABI-DO, A PESAR DE ALGUNOS DESACUERDOS EN LOS ÚLTIMOS TIEM-POS, UNA ESTRECHA COOPERACIÓN CON LOS LÍDERES DE LOS SINDICATOS, CUYAS DEMANDAS SALARIALES SE HAN MANTENIDO DENTRO DE LÍMITES RAZONABLES.

(SCHMIDT) NO DEJÓ DUDAS DE QUE ÉL NO APOYARÍA UN IN-TENTO (POR PARTE DE LOS SINDICATOS ALEMANES) DE OBTENER AUMENTOS SALARIALES SIN SENTIDO A TRAVÉS DE HUELGAS Y QUE CONTROLARÍA LOS PRECIOS Y LOS SALARIOS [...]. SUÁREZ DIJO QUE LAMENTABLEMENTE HASTA LA FECHA NO HABÍA SIDO POSIBLE UN INTERCAMBIO SENSATO CON SINDICATOS RESPON-SABLES, YA QUE EN ESPAÑA AÚN NO EXISTEN. ESTÁN FUERTE-MENTE INFLUENCIADOS POR LOS COMUNISTAS. ATRIBUYÓ GRAN IMPORTANCIA A LA CUESTIÓN (DE LOS SINDICATOS). LAS CORTES RECIBIRÍAN EL PROYECTO DE LEY DEL GOBIERNO SOBRE SINDI-CATOS LIBRES, REGULACIONES DE HUELGA, ETC., LA PRÓXIMA SEMANA. DESAFORTUNADAMENTE, LA OPOSICIÓN DE IZQUIERDA ESPAÑOLA, TAMBIÉN LA NO COMUNISTA, AHORA HACE DEMAN-DAS EXAGERADAS Y RADICALES DEBIDO A LA FALTA PREVIA DEL DERECHO DE HUELGA. LA LEGISLACIÓN ANTERIOR ERA ANTI-

CUADA. TODO DEBE SER LEGISLADO DE NUEVO, PERO PARA ESTO TAMBIÉN SE NECESITAN PARTIDOS POLÍTICOS QUE FUNCIONEN. LAS DEMANDAS SALARIALES, A VECES INCLUSO SUPERIORES AL TREINTA POR CIENTO, SON ECONÓMICAMENTE IMPOSIBLES PARA LA ECONOMÍA Y, POR LO TANTO, INACEPTABLES PARA EL RÉGIMEN. [...] ESTE [PROCESO] SERÁ, SIN EMBARGO, DECISIVO PARA ESPAÑA. EN TODA EUROPA, DIJO SCHMIDT, SE DEBE PERSUADIR A LOS SINDICATOS PARA QUE ACEPTEN LA RESPONSABILIDAD DEL DESTINO COMÚN; DE LO CONTRARIO, LA RADICALIZACIÓN POLÍTICA ES INEVITABLE. INCLUSO EN INGLATERRA UNA PARTE DE LOS SINDICATOS SON COMUNISTAS. EN FRANCIA E ITALIA, DESAFORTUNADAMENTE, LO SON DE MANERA PREPONDERANTE. LA CEGUERA IDEOLÓGICA HACE IMPOSIBLE QUE LOS COMUNISTAS RECONOZCAN LO QUE ES ECONÓMICAMENTE NECESARIO Y SENSATO (la cursiva es nuestra)[21].

Schmidt pone sobre la mesa la cuestión de la relación entre sindicatos y comunismo. Va a ser una preocupación central para el Gobierno y para el rey, como ponen de manifiesto otros muchos cables. Hay telegramas que hablan de la financiación que ha de recibir UGT para lograr que el campo sindical quede en sus manos y no en las de Comisiones Obreras, un sindicato al que consideran tomado por los comunistas. Es especialmente reseñable la labor del líder sindical estadounidense Irving Brown a lo largo de varias visitas a España. En su página de Wikipedia se lee de él que «desempeñó un papel fundamental en Europa Occidental y África durante la Guerra Fría escindiendo movimientos sindicales de inspiración comunista», y desde luego los cables lo confirman. En tales visitas se reúne con el ministro de Relaciones Sindicales De la Mata, con el vicepresidente Gutiérrez Mellado, con el líder de UGT Nicolás Redondo e incluso con el rey y el propio Stabler. De hecho,

---

[21] Cable 00294 MADRID, 14 de enero de 1977.

los cables muestran que el monarca seguía muy de cerca la cuestión de los sindicatos (como en general, todas las cuestiones durante esta etapa). Dos cables de Stabler resultan muy iluminadores. El primero narra una reunión del 8 de febrero de 1977:

EL 8 DE FEBRERO POR LA TARDE LLEVÉ A IRVING BROWN, EL REPRESENTANTE PARA EUROPA DE LA AFL-CIO [el mayor sindicato de Estados Unidos] A VER AL REY.

BROWN LE EXPLICÓ AL REY CON BASTANTE DETALLE LA VOLUNTAD DE LA AFL-CIO DE APOYAR UN MOVIMIENTO SINDICAL LIBRE EN ESPAÑA. A SU JUICIO, UGT (JUNTO CON OTROS SINDICATOS VASCOS Y CATALANES, QUE DEBERÍAN ACABAR TRABAJANDO CONJUNTAMENTE CON UGT) MERECÍA APOYO Y PARECÍA OFRECER LA ÚNICA POSIBILIDAD DE OPONERSE A COMISIONES OBRERAS, EL SINDICATO LIDERADO POR LOS COMUNISTAS. BROWN LE HABLÓ AL REY DE SUS RECIENTES CONVERSACIONES CON MINISTROS ESPAÑOLES Y CON LÍDERES DE UGT. SU MIEDO ERA QUE, A NO SER QUE SE HICIERA ALGO PRONTO PARA PROVEER A UGT CON MEDIOS PARA ESTABLECER UNA ORGANIZACIÓN, SE PERDERÍA LA OPORTUNIDAD DE CREAR UNA OPOSICIÓN AL MOVIMIENTO SINDICAL COMUNISTA. BROWN SUGIRIÓ QUE LA AFL-CIO PODRÍA AYUDAR A CONSEGUIR UN PRÉSTAMO BANCARIO PARA LA UGT CONTRA UNA GARANTÍA DEL GOBIERNO BASADA EN LAS PERTENENCIAS QUE EL SINDICATO TENÍA ANTES DE LA GUERRA CIVIL.

[…] EL REY ESCUCHÓ CONSIDERABLEMENTE INTERESADO LOS COMENTARIOS DE BROWN Y REPITIÓ SU PROPIA DETERMINACIÓN EN AYUDAR A LA CREACIÓN DE UN MOVIMIENTO SINDICAL LIBRE EN ESPAÑA. […] EL REY ESTUVO DE ACUERDO EN QUE NO SE PODÍA PERDER TIEMPO EN REFORZAR A LOS SINDICATOS QUE PUDIERAN OPONERSE A LOS COMUNISTAS Y AÑADIÓ QUE, A SU JUICIO, COMISIONES OBRERAS DISPONÍA PROBABLEMENTE DE BASTANTES MEDIOS A SU DISPOSICIÓN.

[...] EL REY EXPRESÓ SU GRATITUD POR LA OPORTUNIDAD DE DISCUTIR ESTA CUESTIÓN CON BROWN Y CONMIGO Y DIJO QUE EL DÍA SIGUIENTE IBA A VER AL PRIMER MINISTRO Y QUE HABLARÍA CON ÉL SOBRE LA CUESTIÓN SINDICAL[22].

Unos días más tarde, el 16 de febrero, otro cable refleja el siguiente capítulo de la conversación:

SIGUIENDO EL ENCUENTRO QUE MANTUVIMOS IRVING BROWN Y YO CON EL REY EL 8 DE FEBRERO (MADRID 1029), EL REY ME LLAMÓ A LA MAÑANA SIGUIENTE PARA DECIRME QUE HABÍA HABLADO CON SUÁREZ SOBRE BROWN. CUANDO LLAMÉ A LA OFICINA DEL PRIMER MINISTRO PARA CONCERTAR UNA CITA PARA BROWN, ME SUGIRIERON EL 14 DE FEBRERO [...]. PENSÉ QUE ERA MEJOR QUE BROWN SE VIERA CON SUÁREZ A SOLAS, ASÍ QUE LO QUE SIGUE ES LA VERSIÓN QUE NOS DIO BROWN DE LA REUNIÓN.

EL ENCUENTRO DURÓ MÁS DE UNA HORA Y APARTE DEL JEFE DE PROTOCOLO DE SUÁREZ (UNA PERSONA DE SU TOTAL CONFIANZA), QUE HIZO DE TRADUCTOR (BROWN HABLABA EN FRANCÉS Y SUÁREZ EN ESPAÑOL), NO HUBO NADIE MÁS. [...] BROWN INSISTIÓ EN LA IMPORTANCIA DE FORMAR RÁPIDAMENTE CUADROS SINDICALES A PARTIR DE LOS CUALES FORMAR UN SINDICATO MUCHO MAYOR, ENFATIZANDO EL FACTOR DE URGENCIA A LA HORA DE AYUDAR A LA UGT. MENCIONÓ QUE LA ESPECÍFICA NECESIDAD FINANCIERA DE UGT ESTABA ENTRE MEDIO MILLÓN Y UN MILLÓN DE DÓLARES.

EL PRIMER MINISTRO, DIJO BROWN, ESTUVO COMPLETAMENTE DE ACUERDO CON SU ANÁLISIS DE LA SITUACIÓN SINDICAL [...]. NO SE COMPROMETIÓ CON NINGUNA ACCIÓN CONCRETA (POR EJEMPLO, UNA GARANTÍA GUBERNAMENTAL BASADA EN LOS BIENES CONFISCADOS A UGT GRACIAS A LA CUAL UGT PUDIERA

---

[22] Cable 01029 MADRID, 9 de febrero de 1977.

OBTENER UN CRÉDITO), PERO REITERÓ QUE EL GOBIERNO AYU-
DARÍA A LA UGT.

[...] SUÁREZ LE PREGUNTÓ A BROWN SI ÉL ACEPTARÍA LA RES-
PONSABILIDAD DE ESTAR AL TANTO O SEGUIR (LA PALABRA EN
FRANCÉS FUE *SURVEILLER)* LOS DESARROLLOS DE LA UGT. BROWN
DIJO QUE ÉL ESTABA MÁS QUE PREPARADO PARA AYUDAR EN LO
QUE PUDIERA, SIEMPRE BAJO EL ENTENDIMIENTO DE QUE JAMÁS
PONDRÍA AL GOBIERNO EN UNA SITUACIÓN EMBARAZOSA.

[...] BROWN NOS DIJO QUE QUEDÓ MUY CLARO QUE EL PRIMER
MINISTRO QUERÍA ESTAR COMPLETAMENTE SEGURO DE QUE LA
AFL-CIO ESTARÍA DETRÁS DE ÉL SI ÉL SE DECIDÍA A AYUDAR A LA
UGT[23].

Esta penetración del comunismo en los sindicatos a través
de Comisiones Obreras se va a transformar, de un modo a primera vista paradójico pero a la postre muy razonable, en uno de
los motivos más poderosos para legalizar al PCE. Stabler lo
sintetiza de modo magistral en un cable a Kissinger del 1 de
marzo, sobre el que volveremos:

AL PARTIDO COMUNISTA, YA SEA LEGALIZADO FORMALMENTE
O POSTULÁNDOSE BAJO UNA «ALIANZA DE INDEPENDIENTES»,
NO LE IRÁ BIEN. EL RANGO QUE SE LE OTORGA HOY AL PCE ES
DEL 6-10%, Y NO SUPONE NINGUNA PREOCUPACIÓN ELECTO-
RAL. SON LA FUERZA ORGANIZATIVA DEL PCE EN EL MOVIMIEN-
TO SINDICAL Y SU INFILTRACIÓN EN LOS MEDIOS DE COMUNICA-
CIÓN Y EN LA ACADEMIA LO QUE ES PREOCUPANTE[24].

En las navidades de 1976, Suárez ya puede hacerse una
composición de lugar con respecto a la cuestión del PCE. Por
un lado, sabe que legalizar a los comunistas puede hacer que el

---

[23] Cable 01216 MADRID, 16 de febrero de 1977.
[24] Cable 01559 MADRID, 1 de marzo de 1977.

Ejército acabe con todo el proceso de reforma. Por otro, sabe qué consecuencias tendría mantenerlos en la clandestinidad. No son pocas. El comunismo logra un indudable prestigio, una suerte de «mística» (la expresión, como hemos visto, es del propio Stabler, que en otros cables utiliza también la palabra «martirio», todo, como se ve, muy relacionado con la idea-fuerza del *sacrificio*) que se traduce en una mayor fuerza social. El PSOE, que es el mayor rival de Suárez en las urnas, sale beneficiado electoralmente y, además, menos centrado políticamente, porque está obligado a mantener la pose de la intransigencia. Los comunistas no ayudarán en las impopulares medidas que exigirá la situación económica, ni podrá plantearse siquiera que compartan esa responsabilidad. Son el partido mejor organizado y, en la oscuridad de la ilegalidad, será imposible conocer la verdadera dimensión de su apoyo popular. Su influencia en los sindicatos, en la prensa y entre los intelectuales aumentará. Además, si las primeras elecciones se celebran sin ellos, intentarán deslegitimar todo el proceso posterior. Y las encuestas, después de todo, siempre les otorgan menos del 10%, y a esas alturas Suárez ya sabe que el sistema electoral no será dulce con los partidos pequeños.

Cuando se atiende a la textura abrumadoramente *política* que desprenden los cables de Stabler, se contempla un mapa de situación que explica la legalización del PCE desde un prisma lógico-racional de corte eminentemente práctico, por completo ajeno al marco puramente *emotivo*, *mitificado y mitificante* que dibujan la anécdota de Atocha o la legendaria reunión entre Suárez y Carrillo. Solo los franquistas recalcitrantes del búnker se oponían a posibilidad de que los comunistas fueran legales, lo que indica hasta qué punto ellos no entendían la política o el poder desde una perspectiva racional, sino desde una legitimidad puramente emocional que se justificaba a sí misma en la victoria de las armas y, por tanto, en la sangre. En los doce meses de 1976, el modo de pensar de actores como el rey o

Suárez evolucionó desde los parámetros propios de una dictadura, y de una especialmente reaccionaria e ideologizada, hasta los elementos discursivos y cognitivos propios de una democracia. Cuando se toma la decisión de convocar elecciones, se inician inevitablemente un conjunto de dinámicas políticas que te obligan a ver el mundo desde otra perspectiva. Fue la propia institucionalidad democrática la que forzó a personas como Suárez, Stabler o el rey no solo a tolerar la legalización del PCE, sino a desearla.

CAPÍTULO III

La semilla y los injertos

Como con la mayoría de los procesos históricos complejos, no hay acuerdo en torno a los límites temporales de la Transición. Todo el mundo coincide en el inicio, la muerte del dictador, pero no en la extensión. Para unos llegaría hasta las elecciones de 1977 y la formación, por primera vez desde 1936, de un Gobierno elegido en las urnas. Para otros, la mayoría, hasta 1978 y la Constitución. Se ha defendido también la fecha de 1982, con la victoria socialista y la alternancia en el poder. Otras interpretaciones, algo más peregrinas, estiran la fecha hasta 1996 y la llegada de Aznar a Moncloa. Aquí voy a defender que los elementos fundamentales de la Transición se deciden en los 12 meses inmediatamente posteriores a la muerte de Franco. Se trata de un año casi exacto: desde el 20 de noviembre de 1975 hasta el 18 de noviembre de 1976. Ahí está todo y, de la misma manera que se ha dicho que toda la filosofía occidental no es otra cosa que notas a pie de página a la obra de Platón, en la política española lo que venga después no serán más que notas a pie de página a lo decidido allí.

No estoy diciendo que la Transición acabe el 18 de noviembre de 1976. No persigo tanto acotar la extensión temporal de la misma como delimitar su entraña. Lo que digo es que 1976 –entendido como el periodo político que transcurre entre esos dos noviembres y no como año cronológico– supuso el acto fundamental. Ahí se plantó una semilla determinada, que solo podía dar un árbol determinado. Ese árbol se puede podar, se puede arreglar, se puede aligerar o se puede adornar, pero tiene, por decirlo en términos aristotélicos, una esencia, una manera de ser constitutiva inalterable. Es un roble, o un fresno, o un abeto, y ni es ni puede ser los demás árboles. Con la Transición ocurre lo mismo: tiene una esencia inmutable, que es 1976, y, precisamente por eso, la Constitución de 1978 no la modificará demasiado. No podrá hacerlo. La Constitución será en buena medida su resultado, no su origen.

Durante mi lectura de los cables de Stabler, me llamó la atención –me deslumbró, más bien– uno, titulado «EL PROCESO POLÍTICO ESPAÑOL. PERSPECTIVAS A CORTO Y MEDIO PLAZO». Lo llamé, en mis propios archivos, el «Informe Transición». Me pareció una joya politológica, un teletipo en el que Stabler describía con maestría las líneas generales de la Transición tal como se nos ha contado. Ahí hablaba de algunas de las propiedades que hoy en día han devenido clásicas a la hora de describirla: la madurez del pueblo español, el protagonismo del rey y de Suárez, la entronización del consenso como virtud soberana del proceso y el surgimiento de una tercera España, moderada y prudente entre dos extremos. Todo ello, además, descrito por un Stabler que reconoce sentirse él mismo –pero hablando en plural, en nombre de Estados Unidos– involucrado en la propia suerte del país. Merece la pena transcribir aquí el telegrama:

SUMARIO Y CONCLUSIONES:

EL PROCESO POLÍTICO ESPAÑOL ESTÁ AHORA EN UN PUNTO EN EL QUE PARECE HABER CERTEZA DE UNAS ELECCIONES GENUINAMENTE LIBRES A FINALES DE JUNIO. HA SIDO UN PROCESO DIFICIL, EMPAÑADO DE VIOLENCIA ESPORÁDICA, PERO ESPAÑA HA GANADO SU PRIMERA APUESTA FRENTE A LA HISTORIA TRAS FRANCO. LA ABRUMADORA VICTORÍA DE LA LEY DE REFORMA EN EL REFERÉNDUM, DESPUES DE QUE LAS CORTES DE LA ERA DE FRANCO APROBARAN LA PROPUESTA Y EN LA PRÁCTICA FIRMARAN LA SENTENCIA DE MUERTE PARA LAS INSTITUCIONES DEL

RÉGIMEN ANTERIOR, SEÑALÓ EL TRIUNFO DE LA ESTRATEGIA EVOLUTIVA DE CAMBIO POLÍTICO. EL REFERÉNDUM CONFIRIÓ LE-GITIMIDAD AL EMERGENTE SISTEMA DEMOCRÁTICO PARA REEM-PLAZAR LA PECULIAR LEGITIMIDAD AUTORITARIA QUE MURIÓ CON FRANCO, Y ELLO SIN LA REPENTINA Y A MENUDO VIOLENTA Y TRAUMÁTICA RUPTURA CON EL PASADO USUAL EN LAS TRANS-FORMACIONES DE GOBIERNOS AUTORITARIOS A ESTRUCTURAS DEMOCRÁTICAS.

EL NOMBRE DEL JUEGO ES AHORA EL DE ELECCIONES, ELEC-CIONES PARA UN PARLAMENTO BICAMERAL (LAS CORTES) EN EL CUAL LA CÁMARA BAJA (CONGRESO DE DIPUTADOS), BASADA EN LA POBLACIÓN Y ELEGIDA PROPORCIONALMENTE, TENDRÁ UNA APRECIABLE, AUNQUE NO ABSOLUTA, PRIMACÍA SOBRE LA CÁMA-RA ALTA (SENADO). ESTÁ SOBRE LA MESA EL SEGUNDO INTENTO HISTÓRICO DE HACER QUE LA DEMOCRACIA FUNCIONE EN ESPA-ÑA. ESO SE COMPROBARÁ DE VERDAD TRAS LAS ELECCIONES, NO SOLO EN LA PELIAGUDA CUESTIÓN DE REDACTAR UNA CONSTI-TUCIÓN, SINO TAMBIÉN EN RELACIÓN A CUESTIONES FUNDA-MENTALES DE GOBERNANZA POLÍTICA Y ECONÓMICA EN UN MARCO DEMOCRÁTICO. NADA DE TODO ESTO SERÁ FÁCIL, PERO EL ACTUAL ESTADO DE ÁNIMO DE LA GENTE, LAS CAPACIDADES Y LA POPULARIDAD ACTUAL DEL REY Y DEL PRIMER MINISTRO Y LA DESACTIVACIÓN POR EL MOMENTO DE LOS MILITARES SE COMBI-NAN PARA OFRECER LA PERSPECTIVA DE QUE EL GOBIERNO DEL PUEBLO AQUÍ PUEDE FUNCIONAR. *NOSOTROS SOMOS ALGO MÁS QUE ESPECTADORES QUE SIMPATIZAMOS CON TODO ESTO. NUESTROS INTERESES EN UNA EUROPA MÁS SANA, MÁS FUERTE, MÁS COHEREN-TE Y DEMOCRÁTICA ESTÁN INVOLUCRADOS EN EL EXPERIMENTO ES-PAÑOL.* FIN DEL SUMARIO Y CONCLUSIONES.

1. ESTE MENSAJE OFRECE UN ANÁLISIS A CORTO Y MEDIO PLA-ZO DE LAS PERSPECTIVAS DE DESARROLLO POLÍTICO ESPAÑOL, SUPEDITADO AL ABANICO DE POSIBILIDADES INCLUSO DENTRO DE UN ESCENARIO RELATIVAMENTE LIBRE DE SORPRESAS Y A LA INCERTIDUMBRE QUE SUPONE EL COMPORTAMIENTO DEL ELEC-

TORADO EN UN PAÍS SIN ELECCIONES LIBRES EN 40 AÑOS. EN
ARAS DE LA SIMPLICIDAD, EN PRIMER LUGAR SOLO TOCAMOS AL-
GUNAS CUESTIONES DE FONDO:

–LA ETAPA INICIAL DE LA REFORMA LABORAL, IMPORTANTE
POR RAZONES POLÍTICAS Y ECONÓMICAS, DEBERÍA TENER LU-
GAR EN BREVE, LEGALIZANDO LOS SINDICATOS LIBRES.

–SUÁREZ HA PROMETIDO UNA AMNISTÍA *DE FACTO*, BÁSICA-
MENTE PARA LOS PRESOS VASCOS, QUE DEBERÍA COMPLETARSE
EN SEMANA SANTA, ELIMINANDO GRAN PARTE DE LA TENSIÓN
DE LA SITUACIÓN VASCA.

–LA AMENAZA LATENTE, A MENUDO EXAGERADA, DE LOS MILI-
TARES HA DISMINUIDO ENORMEMENTE A RAÍZ DE LOS CAMBIOS
EN EL MANDO MILITAR Y EL REFERÉNDUM. EL PRIMER VICEPRE-
SIDENTE PARA ASUNTOS DE DEFENSA, EL TENIENTE GENERAL
GUTIÉRREZ MELLADO, HA DEMOSTRADO UNA GRAN FORTALEZA,
Y LA DINÁMICA QUE EL PROCESO HA GENERADO HA SITUADO
CLARAMENTE LA POSIBILIDAD DE UNA CONSPIRACIÓN MILITAR
EN EL PEOR ESCENARIO EN EL QUE UNA MARCADA ESPIRAL ECO-
NÓMICA DESCENDENTE Y PROBLEMAS PERSISTENTES Y SEVEROS
DE ORDEN PÚBLICO LLEGARÍAN A SER VISTOS COMO IMPOSIBLES
DE SOLUCIONARSE POR EL INCIPIENTE SISTEMA DEMOCRÁTICO.

–EL PROCESO DE REFORMA MUEVE A ESPAÑA HACIA EUROPA,
PERO EL LEVANTAMIENTO DEL VETO POLÍTICO DE EUROPA RE-
VELARÁ OBSTÁCULOS ECONÓMICOS A LA ADHESIÓN DE ESPAÑA A
LA CEE QUE RESULTARÁN LARGOS Y DIFÍCILES, AUNQUE NO IM-
POSIBLES DE RESOLVER. LA OTAN ES OTRO ASUNTO. AQUÍ, LA
CUESTIÓN DE LA ADHESIÓN DE ESPAÑA NO ESTÁ RESUELTA POR
LOS PROPIOS ESPAÑOLES. MIENTRAS QUE LOS LÍDERES CIVILES Y,
HASTA CIERTO PUNTO, LA ACTUAL CÚPULA MILITAR SE INCLI-
NAN TENTATIVAMENTE HACIA LA ENTRADA DE ESPAÑA, NO HAY
UN AUMENTO PÚBLICO DE INTERÉS, PARTICULARMENTE EN LA
IZQUIERDA, QUE ES MÁS BIEN REACIA. TAMPOCO HAY NADA PARE-
CIDO A UN CONSENSO ENTRE LOS PROPIOS MILITARES, DONDE
SIGUE HABIENDO UNA CONSIDERABLE RETICENCIA. TODO ELLO

PUEDE RETRASAR O IMPEDIR LA ENTRADA ESPAÑOLA EN LA OTAN, UN HECHO QUE DEBEMOS TENER EN CUENTA.

–EL ACTUAL GOBIERNO ESPAÑOL CONTINÚA MANTENIENDO ESTRECHAS RELACIONES BILATERALES CON ESTADOS UNIDOS, PERO TAMBIÉN BUSCA PROFUNDIZAR CADA VEZ MÁS EN SUS RELACIONES CERCANAS CON AMÉRICA LATINA Y LOS PAÍSES ÁRABES Y, COMO SE HA SEÑALADO, CON EUROPA.

2. [...] LA SITUACIÓN ECONÓMICA SE TRATA EN EXTENSO EN OTRO CABLE (MADRID 1145) PUEDE SER UNA CARGA.

3. POR EL CONTRARIO, LA MONARQUÍA, IMPULSADA POR LA POPULARIDAD PERSONAL DE LOS REYES, GOZA DE BUENA SALUD, UN FACTOR IMPORTANTE EN EL PROCESO DE DESARROLLO POLÍTICO. NI LA DESIGNACIÓN DE FRANCO NI LA «ABDICACIÓN DE DERECHOS» DEL PADRE DEL REY, DON JUAN, PRESUMIBLEMENTE DESPUÉS DE LAS ELECCIONES A CORTES, PUEDEN CONFERIR UNA LEGITIMIDAD DURADERA A LA MONARQUÍA EN LA ESPAÑA MODERNA. ESO REQUIERE UN CONSENSO SOBRE UN SISTEMA CONSTITUCIONAL PRESIDIDO POR EL REY, UN CONSENSO QUE SE SELLARÁ FORMALMENTE CUANDO LA NUEVA CONSTITUCIÓN, QUE HARÁ REFERENCIA EXPLÍCITA A LA MONARQUÍA, SE SOMETA A REFERÉNDUM TAL VEZ UN AÑO DESPUÉS DE LAS ELECCIONES. MIENTRAS TANTO, JUAN CARLOS HA EJERCIDO SABIAMENTE Y POR NECESIDAD PODERES (POR EJEMPLO, EL CESE DE ARIAS Y SU REEMPLAZO POR SUÁREZ) QUE NO PUEDE EJERCER PERMANENTEMENTE SIN PONER EN PELIGRO EL TRONO. PARA JUAN CARLOS LA PRUEBA DE FUEGO SERÁ RESISTIR LA TENTACIÓN DEL EJERCICIO CONTINUADO DEL PODER CUANDO ESTE YA NO SEA POLÍTICO. LA PERSPECTIVA –DESAGRADABLE PARA EL REY– DE TENER UNA ALIANZA POPULAR LIDERADA POR FRAGA QUE DEMANDE LA PRESIDENCIA DEL GOBIERNO PARECE IMPROBABLE. LAS PERSPECTIVAS DE LA MONARQUÍA PARA EL AÑO QUE VIENE, FORTALECIDAS POR LAS HABILIDADES POLÍTICAS DEL REY Y EL ATRACTIVO COMÚN QUE TIENEN ÉL Y SU ATRACTIVA REINA, PARECEN BUENAS.

4. LA DESIGNACIÓN POR EL REY DEL PRIMER MINISTRO SUÁ-REZ FUE UN GOLPE AUDAZ Y BRILLANTE, TANTO MÁS CUANTO QUE PROVOCÓ GRANDES DUDAS Y ENFURECIÓ A LOS DOS GRAN-DES ASPIRANTES A PRIMER MINISTRO, FRAGA Y AREILZA. EL REY HA DADO LA DIRECCIÓN A SUÁREZ, AUNQUE CON FRECUENCIA TODOS LE CONSULTAN Y LAS DECISIONES IMPORTANTES REQUIE-REN CLARAMENTE LA AQUIESCENCIA DEL REY. A SU VEZ, SUÁREZ HA DIRIGIDO DE MANERA INTELIGENTE Y DECISIVA, CON UN TO-QUE POLÍTICO GENERALMENTE SEGURO QUE SE EXTIENDE IN-CLUSO HASTA LOS SOCIALISTAS, PERMITIENDO AL REY DISTAN-CIARSE DE LA REFRIEGA POLÍTICA ABIERTA. EL LIDERAZGO DE FRAGA EN ALIANZA POPULAR, LA OPOSICIÓN CONSERVADORA AL GOBIERNO DE SUÁREZ, HA COLOCADO A SUÁREZ CÓMODAMENTE EN EL CENTRO DEL ESPECTRO POLÍTICO, DONDE ES, CON MU-CHO, LA FIGURA POLÍTICA MÁS POPULAR DE ESPAÑA. PARECE PRO-BABLE QUE SUÁREZ PERMANEZCA COMO PRIMER MINISTRO DES-PUÉS DE LAS ELECCIONES CON EL APOYO DE ALGÚN TIPO DE COALICIÓN DE CENTRO Y LA PROBABLE AQUIESCENCIA, AUNQUE SEA A REGAÑADIENTES, DE OTROS GRUPOS PARLAMENTARIOS.

5. LA RECIENTE LEGALIZACIÓN DE LOS PARTIDOS POLÍTICOS, SIMBOLIZADA POR EL REGISTRO DE LOS PARTIDOS TRADICIONA-LES DEMOCRÁTICOS DE OPOSICIÓN, MARCÓ LA LEGITIMACIÓN POLÍTICA DE LA «OTRA ESPAÑA», AQUELLOS QUE PERDIERON LA GUERRA CIVIL. LAS NEGOCIACIONES DEL GOBIERNO CON LA OPO-SICIÓN TRADICIONAL SOBRE LA LEY ELECTORAL Y LAS OTRAS NORMAS POR VENIR QUE PRONTO SE PROMULGARÁN HAN IDO BASTANTE BIEN, EXCEPTO CON LA OPOSICIÓN CONSERVADORA DE ALIANZA POPULAR. EN CUALQUIER CASO, UN CONSENSO BÁSI-CO SOBRE EL JUEGO ELECTORAL PROBABLEMENTE INVOLUCRA-RÁ A LOS PRINCIPALES ACTORES EN EL CONJUNTO ACORDADO DE REGLAS.

6. EL PUEBLO ESPAÑOL, QUE PARECE BASTANTE ATRAÍDO POR LA IDEA DE DECIDIR QUIÉN GOBERNARÁ, COMPRENDE UN ELEC-TORADO MUY DIFERENTE DEL QUE VOTÓ EN 1936 DEBIDO A LOS

RADICALES CAMBIOS ECONÓMICOS Y SOCIALES QUE TUVIERON LUGAR DURANTE LOS LARGOS AÑOS DEL FRANQUISMO. LA PROPIA NOVEDAD DEL JUEGO ELECTORAL Y LA FALTA HASTA LA FECHA DE UN ESPECTRO COHERENTE DE OPCIONES ENTRE LAS QUE ELEGIR IMPIDEN HABLAR CON CERTEZA SOBRE LOS RESULTADOS ELECTORALES. LAS ENCUESTAS, AÚN INCIERTAS, PERO CADA VEZ MÁS AFINADAS, COINCIDEN EN QUE UNA BUENA PARTE DEL ELECTORADO, HASTA EL 40 POR CIENTO, SIMPLEMENTE NO SE HA DECIDIDO. SIN EMBARGO, CIERTAS GENERALIZACIONES BASTANTE AMPLIAS SON PERMISIBLES.

EL CENTRO DE GRAVEDAD DESCANSA CLARAMENTE EN EL CENTRO, DEFINIDO VAGAMENTE DESDE CONSERVADORES PROGRESISTAS HASTA MODERADOS DE INCLINACIÓN SOCIALDEMÓCRATA. HAY UNA PROPENSIÓN LIGERAMENTE CONSERVADORA, AUNQUE, SIN DUDA, EL INQUIETANTE SENTIDO DE LA CONCIENCIA DE CLASE, COMO EN OTRAS PARTES DE EUROPA, MARCA UNA POR LO DEMÁS BASTANTE MARCADA IMPRESIÓN DE CONSENSO.

LOS EXTREMOS, POR EJEMPLO, ULTRAS, FALANGISTAS, ETC. EN LA EXTREMA DERECHA Y LOS OSCUROS GRUPOS MARXISTAS-LENINISTAS A LA IZQUIERDA DEL PARTIDO COMUNISTA, PROBABLEMENTE NO TIENEN MÁS DEL 3 POR CIENTO DEL ELECTORADO ESPAÑOL CADA UNO.

CIENTÍFICOS SOCIALES DE RENOMBRE ACABAN DE PUBLICAR DATOS DE ENCUESTAS UTILIZANDO UNA ESCALA DE INDICADORES DE PROBLEMAS Y ACTITUDES QUE MUESTRAN QUE ESPAÑA NO ES DIFERENTE SINO MÁS BIEN SIMILAR A LA MAYORÍA DE LOS ELECTORADOS DE EUROPA OCCIDENTAL. GRÁFICAMENTE DEMUESTRAN QUE ESTÁN EN LA MEDIA DE LA MENTALIDAD POLÍTICA DE EUROPA OCCIDENTAL.

AL PARTIDO COMUNISTA, BIEN SEA LEGALIZADO FORMALMENTE POR EL TRIBUNAL, BIEN SE PRESENTE BAJO UNA «ALIANZA INDEPENDIENTE», NO LE IRÁ BIEN. EL RANGO QUE NORMALMENTE SE LE DA AL PCE ES DEL 6-10%, NADA DE QUÉ PREOCUPARSE ELECTORALMENTE. SON LA FUERZA ORGANIZATIVA DEL PCE EN

EL MOVIMIENTO OBRERO Y SU INFILTRACIÓN EN LOS MEDIOS DE COMUNICACIÓN Y EL MUNDO ACADÉMICO LO QUE ES INQUIE-TANTE. LA IZQUIERDA, VARIOS SOCIALISTAS MÁS LOS COMUNISTAS Y ALGUNAS ESCISIONES MARXISTAS-LENINISTAS, PROBABLEMENTE NO LLEGUE AL 30% DEL ELECTORADO. EL PARTIDO SOCIALISTA OBRERO ESPAÑOL DE FELIPE GONZÁLEZ (PSOE), RECONOCIDO POR EUROPA, ES SIN DUDA EL MÁS FUERTE, EN TORNO AL 15%, AUNQUE TIENE PROBLEMAS POR LA DIVISIÓN DEL SOCIALISMO, UN PROBLEMA DE IDENTIDAD IDEOLÓGICA Y LA DIFICULTAD QUE TIENE UNA DIRECCIÓN RELATIVAMENTE MODERADA PARA PRESENTAR UNA IMAGEN MODERADA A PESAR DE TENER UNA BASE ACTIVISTA RADICAL. LAS ENCUESTAS SEÑALAN QUE LA ETI-QUETA SOCIALDEMÓCRATA PUEDE TENER CIERTO ATRACTIVO PARA EL ELECTORADO, PERO LOS GRUPOS SOCIALDEMÓCRATAS ESCINDIDOS NO SON PARTICULARMENTE CREÍBLES. LA IZQUIER-DA NO PLANTEA NINGÚN PROBLEMA ELECTORAL A CORTO PLA-ZO. A LA LARGA, SIN EL DESARROLLO DE UNA ALTERNATIVA DE-MOCRÁTICA RESPONSABLE EN LA IZQUIERDA, EL PCE PODRÍA LLEGAR A OCUPAR LA DIRECCIÓN, DE AHÍ NUESTRA PREOCUPA-CIÓN POR UN SOCIALISMO ESPAÑOL MÁS MODERADO.

EN SUMA, MÁS ALLÁ DE LAS «DOS ESPAÑAS» HAY UNA TERCERA ESPAÑA, NI REVANCHISTA NI NOSTÁLGICA, QUE ACTUALMENTE DOMINA EN EL ELECTORADO. DENTRO DE ESA TERCERA ESPAÑA CONVIVEN GRAN PARTE DEL FRANQUISMO SOCIOLÓGICO (AQUE-LLOS QUE RECONOCEN LOS LOGROS MATERIALES DEL FRAN-QUISMO PERO NUNCA FUERON PARTIDARIOS FANÁTICOS) Y GRAN PARTE DE LA OPOSICIÓN DEMOCRÁTICA TRADICIONAL.

[…] 9. EN ESTA SITUACIÓN MULTIPARTIDISTA, ES POCO PRO-BABLE QUE UNA SOLA LISTA DE COALICIÓN PUEDA OBTENER UNA MAYORÍA ABSOLUTA DE LOS VOTOS O INCLUSO UNA MAYO-RÍA ABSOLUTA DE LOS ESCAÑOS DE LA CÁMARA BAJA, A MENOS QUE SUÁREZ LIDERE UNA AMPLIA COALICIÓN CENTRISTA, EN CUYO CASO UNA MAYORÍA DE ESCAÑOS SE VUELVE PLAUSIBLE (EL

SISTEMA PROPORCIONAL RECOMPENSARÁ A LAS COALICIONES MÁS GRANDES CON MÁS ESCAÑOS). [...] SI NOS VAMOS A ESCENARIOS MÁS ESPECULATIVOS (POSELECTORALES), LAS CORTES PROBABLEMENTE FUNCIONARÁN SOBRE UNA BASE DE DOS COALICIONES SOLAPADAS, CENTRÁNDOSE SOBRE TODO EN LA REDACCIÓN DE LA CONSTITUCIÓN. LOS GRUPOS DE CENTRO Y CENTRO-IZQUIERDA PROPORCIONARÁN UN NIVEL DE GOBIERNO EN LA MEDIDA EN QUE ESTA ASAMBLEA CONSTITUCIONAL SE OCUPE DE ASUNTOS LEGISLATIVOS NORMALES, PERO EN EL NIVEL DE REDACCIÓN DE LA CONSTITUCIÓN SE PRODUCIRÁ, SI ES QUE LA HISTORIA SIRVE AQUÍ DE GUÍA, UN SISTEMA CAMBIANTE DE COALICIONES SOBRE TEMAS CONCRETOS. EN ESTO ÚLTIMO LOS GRUPOS DE CENTRO SERÁN UN PUNTO DE APOYO PARA LAS INICIATIVAS SOBRE PROPUESTAS CONSTITUCIONALES QUE EL GOBIERNO PUEDA TOMAR. LAS NUEVAS CORTES TENDRÁN DIFICULTADES PARA ALCANZAR EL GRADO NECESARIO DE DISCIPLINA PARLAMENTARIA. ES PROBABLE QUE LOS PRINCIPALES TEMAS MÁS ALLÁ DE LAS ELECCIONES SEAN LA ELABORACIÓN DE LA CONSTITUCIÓN (EL TEMA DECISIVO SERÁ AHÍ EL REGIONAL), LA CUESTIÓN ECONÓMICA Y EL ACLIMATAMIENTO DE LAS DIFERENTES PERSONALIDADES Y GRUPOS POLÍTICOS A LA DINÁMICA PARLAMENTARIA DE TAL MANERA QUE EL NUEVO SISTEMA DEMOCRÁTICO PUEDA DEMOSTRAR QUE ES CAPAZ DE OFRECER UN GOBIERNO EFECTIVO Y REPRESENTATIVO. STABLER (la cursiva es nuestra)[1].

Durante mi investigación volví varias veces al «Informe Transición», que me parecía tanto un resumen magistral del proceso como una acertadísima predicción de las líneas maestras de lo que sería la redacción de la Constitución de 1978. Tardé varias semanas en darme cuenta de la fecha del mismo: 1 de marzo de 1977. En esa fecha, el PCE, los demás partidos y

---

[1] Cable 01559 MADRID, 1 de marzo de 1977.

los sindicatos todavía eran ilegales. La ley electoral no se había aprobado. El Movimiento Nacional seguía en pie. Todo estaba por hacer y, a la vez y sorprendentemente, todo estaba hecho.

Stabler describe ahí, en líneas generales, la Transición en su conjunto de una manera muy parecida a como se describe prácticamente siempre el proceso entero, esto es, incluyendo la aprobación de la Constitución de 1978. Cuando siembras una semilla, sabes qué árbol o planta o arbusto va a germinar. Stabler había asistido a la configuración, por así decir, de la semilla de la Transición y por eso era capaz de predecir el tipo de fruto que iba a dar.

A esa centralidad del año exacto de 1976 me llevó también otro cable, de nuevo absolutamente revelador. En él, Stabler se entrevista con Felipe González, que ha estado el día anterior reunido tres horas con el presidente Suárez. De nuevo, lo más revelador de este diálogo es la tempranísima fecha: 10 de agosto de 1976. Suárez acababa de ser elegido presidente, llevaba solo un mes en el cargo. González acudió a la entrevista habiendo pedido permiso al comité ejecutivo del PSOE, que la había aprobado previamente. Se trata de una conversación que en buena medida es un calco de la célebre conversación clandestina entre Suárez y Carrillo en el chalé de Pozuelo, si bien esta es muy anterior en el tiempo. A diferencia de la reunión de Pozuelo, esta nunca salió a la luz, que sepamos, con el detalle con que la ofrece, 40 años más tarde, Stabler, siempre al tanto de todos los hitos fundamentales del proceso. De esa cita se ha dicho que «levantó tantas críticas en la derecha que Suárez ralentizó sus contactos con la oposición»[2]. Sin embargo, lo que González está ofreciendo a Suárez a un mes escaso de su nombramiento no es otra cosa que un puente de plata a la reforma. Este es el cable.

_____

[2] José Reig Cruañes, *Opinión pública y comunicación política en la transición democrática*, tesis doctoral, Universidad de Alicante, 1999, p. 874.

SUMARIO: EL SECRETARIO GENERAL DEL PSOE FELIPE GON-
ZÁLEZ VINO A VERME ESTA MAÑANA A MI RESIDENCIA PARA UNA
CONVERSACIÓN INFORMAL SOBRE LA SITUACIÓN POLÍTICA GE-
NERAL. NUESTRA CONVERSACIÓN GIRÓ EN TORNO A SU CHAR-
LA DE TRES HORAS DE ANOCHE CON EL PRESIDENTE SUÁREZ.
GONZÁLEZ PARECE BASTANTE CANSADO ESTOS DÍAS, PERO SIN
DUDA ESTABA SATISFECHO CON SU DIÁLOGO DE ANOCHE, TAN-
TO POR LO QUE CONSIDERA UN «FRANCO Y CORDIAL» INTER-
CAMBIO DE OPINIONES COMO PORQUE A SU JUICIO SUÁREZ ESTÁ
VERDADERAMENTE COMPROMETIDO A LLEVAR A ESPAÑA HACIA
UNAS ELECCIONES DEMOCRÁTICAS. ÉL VE EL CAMINO SEMBRA-
DO DE TRAMPAS (Y ESTÁ PREOCUPADO POR EL ENVEJECIMIEN-
TO DEL BÚNKER MILITAR), PERO EL PSOE ESTÁ DISPUESTO A NE-
GOCIAR Y PARTICIPAR SI SUÁREZ SIGUE EL ENFOQUE QUE LE
DIBUJÓ. LOS COMENTARIOS DE GONZÁLEZ SE CARACTERIZA-
RON POR EL PRAGMATISMO Y LA SENSATEZ. A CONTINUACIÓN
SE PRESENTA UN RESUMEN DE LOS PUNTOS PRINCIPALES. FIN
DEL SUMARIO.

1. EL REFERÉNDUM DE OTOÑO. GONZÁLEZ DIJO QUE SUÁREZ
LE DIJO QUE EL GOBIERNO ESTÁ PENSANDO EN TÉRMINOS DE
UNA «CONSULTA» POPULAR EN EL OTOÑO QUE INVOLUCRARÍA
CUATRO O CINCO PREGUNTAS BÁSICAS, EN GRAN PARTE «FILO-
SÓFICAS» (TAL VEZ ALGO EN LA LÍNEA DE: ¿QUIERE UN SISTEMA
DEMOCRÁTICO PARA ESPAÑA? ¿UN PARLAMENTO ELEGIDO POR
SUFRAGIO DIRECTO Y UNIVERSAL? ¿SINDICATOS LIBRES?). ESTAS
PREGUNTAS PASARÍAN PRIMERO POR LAS «CORTES» Y LUEGO SE-
RÍAN PRESENTADAS AL PUEBLO. SUÁREZ SUBRAYÓ DESDE EL INI-
CIO DE LA REUNIÓN SU PERSPECTIVA DE QUE SE DEBÍAN SEGUIR
LAS NORMAS DE LEGALIDAD. COMO RESULTADO DE LA «CONSUL-
TA» POPULAR, EL GOBIERNO, EN CONSULTA CON TODOS LOS SEC-
TORES POLÍTICOS, INCLUIDA LA OPOSICIÓN DEMOCRÁTICA, RE-
DACTARÍA UNA LEY ELECTORAL PARA REGIR LAS ELECCIONES
PARLAMENTARIAS, QUE SE CELEBRARÍAN, COMO PROMETIÓ SUÁ-
REZ, A MÁS TARDAR EN JUNIO DE 1977.

2. GONZÁLEZ INDICÓ SU ACUERDO CON SUÁREZ EN CUANTO AL CONTORNO GENERAL DE LA CONSULTA Y EL CALENDARIO DE LAS ELECCIONES. SEÑALÓ QUE LA OPOSICIÓN NECESITA ALGO DE TIEMPO PARA ORGANIZARSE Y ESTE CRONOGRAMA ES VIABLE. GONZÁLEZ DIJO QUE EL ENFOQUE DE SUÁREZ ERA INTERNAMENTE CONSISTENTE, PERO QUE HABÍA TRATADO DE HACERLE VER A SUÁREZ QUE EL GOBIERNO DEBE DARSE CUENTA DE QUE, UNA VEZ QUE EL PUEBLO SE HAYA EXPRESADO, LAS INSTITUCIONES EXISTENTES, COMO LAS CORTES Y EL CONSEJO DEL REINO, HABRÁN PERDIDO TODA LEGITIMIDAD Y EL GOBIERNO TENDRÁ QUE GOBERNAR POR DECRETO LEY HASTA QUE EL NUEVO PARLAMENTO ELEGIDO DEMOCRÁTICAMENTE ASUMA EL CARGO. EN CUANTO AL LLAMADO REFERÉNDUM «PROSPECTIVO», GONZÁLEZ DIJO QUE ALGUNOS MILITARES CONSERVADORES, ENTRE OTROS, HAN DESCARTADO LA IDEA PORQUE NO SE CONSIDERARÍA VINCULANTE, YA QUE NO IMPLICARÍA CONSULTAR A LAS CORTES. GONZÁLEZ QUIERE UNA «CONSULTA» QUE SEA CONSIDERADA VINCULANTE.

3. FORMA DEL NUEVO PARLAMENTO. POR SU CONVERSACIÓN CON SUÁREZ, GONZÁLEZ AFIRMÓ QUE LAS IDEAS DEL GOBIERNO SOBRE LA FORMA DEL NUEVO PARLAMENTO HAN EVOLUCIONADO CONSIDERABLEMENTE Y PARA MEJOR. SEGÚN GONZÁLEZ, SUÁREZ HABLÓ DE UNA LEGISLATURA BICAMERAL, CON UNA CÁMARA ALTA ESTRUCTURADA A LO LARGO DE LÍNEAS «REGIONALES Y NACIONALES», EN LUGAR DE LAS LÍNEAS CORPORATIVAS FRANQUISTAS, Y CON UNA CÁMARA BAJA ANTE LA CUAL SERÍA RESPONSABLE EL EJECUTIVO. SUÁREZ INDICÓ SU DESEO DE CONSERVAR EL CONSEJO DEL REINO, LO QUE, SIN EMBARGO, REPRESENTARÍA UNA COMPOSICIÓN PROFUNDAMENTE ALTERADA DEL PARLAMENTO. GONZÁLEZ ARGUMENTÓ QUE SERÍA UN ANACRONISMO POLÍTICAMENTE PELIGROSO. SI EL NUEVO PARLAMENTO SERÍA O NO «CONSTITUYENTE», DIJO GONZÁLEZ, SERÍA UNA CUESTIÓN DE «TEATRO». LA OPOSICIÓN LO LLAMARÍA ASÍ, PERO RECONOCIÓ QUE EL GOBIERNO NO PODÍA. PERO EN REALIDAD

SERÍA UNA LEGISLATURA ELEGIDA DEMOCRÁTICAMENTE CON RESPONSABILIDADES CONSTITUYENTES OBVIAS.

4. NEGOCIACIONES GOBIERNO-OPOSICIÓN. GONZÁLEZ ESTÁ CONVENCIDO DE QUE SUÁREZ CONTINUARÁ LAS CONSULTAS CON LA OPOSICIÓN SOBRE LA FORMA Y EL RITMO DE LA REFORMA. A PESAR DE LAS DIFICULTADES, LA OPOSICIÓN NECESITA DECIDIR SOBRE UN GRUPO DE NEGOCIACIÓN DE DIEZ A DOCE REPRESENTANTES DE GRUPOS SIGNIFICATIVOS PARA TRATAR, EN NOMBRE DE LA OPOSICIÓN, CON EL GOBIERNO. ESTOS REPRESENTARÍAN LAS PRINCIPALES CORRIENTES POLÍTICAS DE LA OPOSICIÓN Y EXCLUIRÍAN A LOS MINIGRUPOS DE EXTREMA IZQUIERDA Y A LOS INDIVIDUOS OPORTUNISTAS [se refiere a Trevijano] QUE HAN DADO AL PSOE TANTOS DOLORES DE CABEZA DENTRO DE LA PLATAJUNTA. EL GOBIERNO NO SE SENTARÍA A LA MESA CON EL PCE, PERO GONZÁLEZ CREE QUE EL PCE PUEDE CONVIVIR CON ESTO SIEMPRE Y CUANDO SEA CONSULTADO POR EL GRUPO NEGOCIADOR. EN ESTE SENTIDO, EXPRESÓ SU IRRITACIÓN POR LA NECESIDAD DE QUE EL PSOE Y OTROS TENGAN QUE REPRESENTAR CONTINUAMENTE A LOS COMUNISTAS, Y DIJO QUE ESTE PROBLEMA SE RESOLVERÍA –Y LOS COMUNISTAS SERÍAN DESMITIFICADOS– SI EL GOBIERNO LOS LEGALIZARA. DESEABA QUE EL GOBIERNO PERMITIERA EL REGRESO DE «LA PASIONARIA» Y CARRILLO. SE LO PLANTEÓ A SUÁREZ, QUIEN DIJO QUE NO PODÍA SER PRINCIPALMENTE PORQUE EL GOBIERNO NO PUEDE GARANTIZAR SU SEGURIDAD, INCLUSO LOS PROPIOS HOMBRES DE SEGURIDAD DEL GOBIERNO ENCARGADOS DE PROTEGERLOS PODRÍAN SER UN PROBLEMA.

5. EL ÁNGULO MILITAR. LOS CIVILES DEL BÚNKER NO SON UN PROBLEMA DE MOMENTO. [...] EL VERDADERO PELIGRO DURANTE LOS PRÓXIMOS SEIS O SIETE MESES ES QUE EL BÚNKER MILITAR PUEDA VERSE LLAMADO A «SALVAR» EL PAÍS. GONZÁLEZ DESEABA UNA REDUCCIÓN DE LA EDAD DE RETIRO MILITAR EN CINCO AÑOS, DEBILITANDO EL BÚNKER MILITAR. EN UNA NOTA OPTIMISTA, GONZÁLEZ NO CONSIDERÓ A LOS GRUPOS POLÍTI-

COS RADICALES DE ESPAÑA (IZQUIERDA O DERECHA) LO SUFICIENTEMENTE BIEN ORGANIZADOS COMO PARA CAUSAR SERIOS PROBLEMAS EN LAS CALLES O FÁBRICAS, Y EXPRESÓ CIERTO ESCEPTICISMO SOBRE LOS PRONÓSTICOS DE UN OTOÑO LABORAL «CALIENTE», EN GRAN PARTE PORQUE CREE QUE LOS TRABAJADORES PROBABLEMENTE ESTARÁN PREOCUPADOS POR MANTENER SUS EMPLEOS EN LA ACTUAL RECESIÓN ECONÓMICA. LAS COSAS PODRÍAN SER DIFÍCILES, PERO DESCONFIABA DE LOS MOTIVOS DE ALGUNOS DE LOS QUE PREDECÍAN GRANDES PROBLEMAS EN OCTUBRE.

6. FÓRMULAS PARA LA TRANSICIÓN. HAY TRES FÓRMULAS PRINCIPALES QUE SE ESTÁN DISCUTIENDO EN CUANTO A LA FORMA DE UN GOBIERNO DE TRANSICIÓN. EL PCE CONTINÚA INSISTIENDO EN UN «GOBIERNO PROVISIONAL», QUE INCLUYA REPRESENTANTES DE TODAS LAS FUERZAS POLÍTICAS PRINCIPALES, EN GRAN PARTE PORQUE ESTA SERÍA LA ÚNICA OPORTUNIDAD DEL PCE DE PARTICIPAR EN EL GOBIERNO EN LOS PRÓXIMOS 5-10 AÑOS, PERO ESTO ES OBVIAMENTE POCO REALISTA. UNA SEGUNDA PROPUESTA ES LA IDEA DE TIERNO GALVÁN DE UN GOBIERNO DE «CONCENTRACIÓN NACIONAL», QUE TIENE ALGUNAS SIMILITUDES CON EL GOBIERNO PROVISIONAL DEL PCE, PERO NO INCLUIRÍA A LOS COMUNISTAS. UN TERCER ENFOQUE, CON EL QUE GONZÁLEZ IDENTIFICÓ AL PSOE, ES EL MÁS PRAGMÁTICO. ACEPTAR CUALQUIER GOBIERNO, COMO EL ACTUAL, QUE SE COMPROMETA PÚBLICAMENTE A OBJETIVOS DEMOCRÁTICOS ESPECÍFICOS Y A UN CALENDARIO EXPLÍCITO, POR LOS QUE TENDRÍA QUE RENDIR CUENTAS. GONZÁLEZ ENFATIZÓ REPETIDAMENTE QUE LE PREOCUPAN LOS RESULTADOS, NO LAS FÓRMULAS, Y QUE, SI EL GOBIERNO ACTUAL PUEDE CUMPLIR CON LAS ELECCIONES DEMOCRÁTICAS, LO IMPORTANTE ES ESO, Y NO LA FORMA DEL GOBIERNO.

7. EL PSOE. EL PARTIDO SE CONSIDERA *DE FACTO* LEGAL Y ESTÁ ABRIENDO OFICINAS EN TODO EL PAÍS Y LLEVANDO A CABO UNA VARIEDAD DE ACTIVIDADES POLÍTICAS ABIERTAS. SI EL PSOE SOLICITARÁ LA LEGALIZACIÓN *DE JURE* SE DECIDIRÁ EN EL CON-

GRESO DEL PARTIDO DE NOVIEMBRE, PERO ÉL ESPERA QUE ACEPTEN LA LEGALIDAD. EL ESTATUS ACTUAL DEL PARTIDO NO ESTÁ EXENTO DE PROBLEMAS, COMO LO DEMUESTRA EL HECHO DE QUE MÁS MILITANTES DEL PSOE HAN SIDO ARRESTADOS EN LOS ÚLTIMOS MESES QUE MIEMBROS DE CUALQUIER OTRO PARTIDO. PERO OPINÓ QUE LA SITUACIÓN SERÍA BÁSICAMENTE LA MISMA SI EL PARTIDO HUBIERA SOLICITADO Y SE LE HUBIERA CONCEDIDO LA LEGALIZACIÓN («LA GUARDIA CIVIL EN ALGUNAS LOCALIDADES PERIFÉRICAS AÚN NO HA RECIBIDO EL CABLE QUE LES INFORMA DE LA MUERTE DE FRANCO»). EN RESPUESTA A UNA PREGUNTA SOBRE LAS PERSPECTIVAS DE LA UNIDAD SOCIALISTA, GONZÁLEZ DECLARÓ QUE MUCHOS DE LOS MINIGRUPOS SIMPLEMENTE DESAPARECERÍAN CUANDO SE ENFRENTEN A LAS ELECCIONES. A PESAR DE ESTA RELAJADA RESPUESTA, GONZÁLEZ DEBE ESTAR PREOCUPADO POR LAS, SEGÚN SU RECUENTO, 19 AGRUPACIONES SOCIALISTAS EXISTENTES EN ESPAÑA.

8. COMENTARIO: GONZÁLEZ FUE BASTANTE FRANCO, COMO SIEMPRE LO HA SIDO EN NUESTRAS OCASIONALES CHARLAS, Y DEBO ENFATIZAR QUE ME DIO SUS PUNTOS DE VISTA EN CONFIANZA, CON LA EXPECTATIVA DE QUE PERMANECERÍAN CONFIDENCIALES. COMPARÓ FAVORABLEMENTE LA CONVERSACIÓN DE ANOCHE CON LA «BATALLA» VERBAL QUE ENTABLÓ CON EL EXMINISTRO DEL INTERIOR FRAGA Y LA ABSOLUTA FALTA DE COMUNICACIÓN CON EL EXPRIMER MINISTRO ARIAS. OBVIAMENTE ENCONTRÓ EN SUÁREZ, CON QUIEN COMPARTE SU EBULLICIÓN JUVENIL, SU LOCUACIDAD Y SU PRAGMATISMO, UN INTERLOCUTOR ATRACTIVO. SE TRATA DE UN BUEN AUGURIO PARA EL MANTENIMIENTO DE UN DIÁLOGO PRODUCTIVO ENTRE EL GOBIERNO Y LA OPOSICIÓN. LA RESPONSABILIDAD RECAE TAMBIÉN EN LA OPOSICIÓN, UN HECHO RECONOCIDO POR GONZÁLEZ EN SU ÉNFASIS EN LA DESIGNACIÓN DE NEGOCIADORES POR PARTE DE LOS PRINCIPALES GRUPOS DE OPOSICIÓN, UNA TAREA MUY COMPLICADA. LO QUE SUÁREZ APARENTEMENTE LE DIJO A GONZÁLEZ PARECE BASTANTE CONSISTENTE CON EL ENFOQUE QUE ME

DESCRIBIÓ (MADRID 6047). GONZÁLEZ INDICÓ QUE NO TUVO PROBLEMAS CON QUE SUÁREZ SE NEGARA A COMPROMETERSE EN LOS DETALLES, DE LO CONTRARIO NO HABRÍA ESPACIO PARA LA NEGOCIACIÓN. STABLER[3].

Como se desprende, González estaba plenamente conforme con el plan de Suárez desde el principio, y Suárez lo sabía. Toda la esquizofrenia público-privado del PSOE será a la postre parte del juego. Es muy conocida la argucia de Suárez en su reunión con Carrillo en el chalé de Pozuelo, pidiéndole por favor que, cuando él anuncie desde el Gobierno la legalización del PCE, Carrillo no se muestre en su respuesta ante los medios demasiado agradecido y que hasta incluya algún comentario en contra del propio Suárez. Esta estrategia, que parece violar las más elementales leyes de la cortesía, la pactaron entre ellos dos para no dejar a Suárez a los pies de los caballos ante el búnker franquista. Lo que el cable desvela es que entre Felipe y Suárez se había desplegado una dinámica muy parecida. Desde agosto de 1976 (esto es, desde el principio), ambos comparten un plan y asumen que el otro lo comparte, pero, a la vez, no lo pueden decir claramente, en especial González. De ahí que, hasta el referéndum, la oposición democrática –de modo muy marcado el PSOE–, mostrara en público un apoyo total a la estrategia rupturista, pero en privado lanzara señales evidentes de que estaban de acuerdo con la reforma desde dentro. Suárez tenía que contentar al búnker, González a sus bases, más rupturistas. Ninguno de los dos podía explicitar a las claras el plan sin soliviantar a sus extremos. La clandestinidad, el secreto, el acuerdo entre los líderes era fundamental. Ahí la personalidad de Suárez, su capacidad de empatía –en contraste con el carácter de Fraga–, marcaron la diferencia.

---

[3] Cable 06168 MADRID, 11 de agosto de 1976.

De la lectura de los cables de Stabler sobresale especialmente, de hecho, la extraordinaria importancia que, en contextos anómicos y no institucionalizados –y sin duda el final del franquismo fue uno de ellos–, adquieren propiedades como el carácter y la simpatía personal, que no dependen tanto de las ideologías como de los individuos concretos. Suárez tenía un carisma especial en el regate corto, y sus interlocutores salían seducidos por su personalidad. Lo mismo ocurría con González y en buena medida con Carrillo. Fraga, sin embargo, generaba rechazo. El rey se queja en uno de los cables de que, cuando tiene que departir con él, en su época de ministro de Arias y promotor de la reforma, Fraga se dedica a aleccionarle, algo que al monarca le resulta insufrible[4]. Y, como el cable refleja, la experiencia de González con Fraga no fue muy distinta.

¿Cuál era, más allá de todo eso, el plan del año exacto? ¿Qué querían los *hombres del rey*? Lo dicen muchas veces en los cables, y es un lugar común. Quieren llegar a elecciones como sea. Ese es el objetivo. Quieren que los representantes del franquismo reconozcan tales elecciones y asuman el resultado que ellos puedan obtener, razón por la que han de hacer todo desde la legalidad franquista. Y necesitan que la oposición –no los comunistas, aunque luego, como hemos visto, eso cambió– acepte presentarse. Tras ello, el parlamento así elegido redactará una nueva Constitución. Esa es la parte democrática.

---

[4] Lamento enormemente esta falta de profesionalidad y esta imperdonable muestra de descortesía académica, pero no encuentro la fuente de la afirmación de que el rey no soportaba departir con Fraga. Estoy, eso sí, seguro de haberlo leído en alguna parte, creo que en un cable (pero también puede ser que la leyera en alguna de las obras que consulté para documentarme). En todo caso, prefiero redactar esta nota, sin duda en parte deshonrosa para mí, a dejar de ofrecer al lector un dato que sé que está en alguna parte.

Pero hay otra parte que no está en juego, y no lo está porque es precisamente la que pone el juego en marcha, la que lo controla, la que lo dirige; la que decide qué semilla se va a plantar y, por tanto, la que prefigura qué esencia va a adquirir el resultado institucional. El resultado de la semilla es la democracia, cierto, pero la democracia tiene formas diferentes. Entre las decisiones fundamentales que se han de dilucidar cuando se constituye un orden político destacan tres: la elección entre monarquía y república, entre federalismo y centralismo (que tiene que ver, a su vez, con un diseño unicameral o uno bicameral) y entre representación mayoritaria y representación proporcional. En una situación ideal, un parlamento democráticamente electo decide al respecto en unas cortes explícitamente constituyentes convocadas *ex profeso*. En las situaciones políticas reales, todo es más complejo. En la situación real en la que transcurrió el año exacto, y, por tanto, la esencia de la Transición, esas tres decisiones fueron ajenas al núcleo democrático. Podía haber elecciones, pero siempre que las mismas no pusieran en duda la solución decidida para ninguna de esas tres cuestiones, que quedaban por encima del proceso decisional.

El primer elemento seminal es la monarquía, que jamás se pone en duda. Los *hombres del rey* anteponen la permanencia de la Corona a cualquier otra cosa. El propio monarca, que es sin duda el piloto de todo el proceso, entiende la democracia como un medio, no como un fin. Si la monarquía hubiera podido mantenerse tal como Franco quería, como una suerte de herencia natural de la dictadura, no hubiera habido ningún problema. Pero la sociedad española había cambiado. El rey entiende enseguida que la única manera de salvar la Corona es transformarse en el rey de todos los españoles, también de los vencidos en la Guerra Civil. Y la única manera de lograr eso es una democracia coronada. Una democracia que acoja a todos –porque, salvo alguna minoría extremista, todo el país deseaba democracia y deseaba Europa– y que, a la vez, tenga una forma monárquica, un rey.

La manifestación más evidente de esta suerte de indisponibilidad decisional de la monarquía es el lugar que acabará ocupando en el articulado de la Constitución de 1978. La Corona se blinda a la reforma, que es como decir que se blinda ante la democracia, que es como decir que se antepone a la misma. Para tocar una coma de cualquier cosa que afecte a la monarquía hace falta superar un procedimiento de reforma que es prácticamente insalvable: mayoría del 66% en ambas cámaras, disolución, nueva mayoría del 66% y referéndum. Aquí hay que hacer un poco de pedagogía política. ¿Es legítimo, de acuerdo a la teoría de la democracia, blindar ciertas cosas en una constitución? Lo es cuando se trata de cosas que constituyen la propia democracia, que la originan, que la hacen posible; cosas que *fundan* la democracia y que por eso mismo denominamos derechos «fundamentales». El derecho al voto no puede estar sometido a la amenaza de que un Gobierno con un 51% del parlamento lo derogue. Eso sería mayoritario, pero no democrático, por eso se blinda. Y, como el derecho al voto, muchos otros: derecho a la vida, a la seguridad, a la libertad de expresión, a la educación, etc. Derechos que son como la atmósfera de la democracia, el aire que posibilita su misma existencia.

¿Es la concreta forma política monárquica un derecho fundamental de la democracia? ¿Es el trono un *sine qua non* de la libertad política? ¿Es la Corona algo sin lo que la democracia no puede existir? La propia enunciación de los interrogantes roza lo ridículo. Y, sin embargo, es lo que nuestra Constitución establece. El texto de 1978 asume de modo implícito –pero jurídicamente vinculante– que la Corona es algo así como un derecho «fundamental» de los españoles, algo que ha de protegerse de las mayorías. Hoy en día, en 2024, si un 65% de españoles eligiera representantes que abogaran por la república, nuestro ordenamiento jurídico rechazaría su demanda, al parecer en nombre de «la democracia». Tenemos una Corona blindada, refractaria a las mayorías. O, si queremos, nuestra Constitución instaura, instituye y origina a la vez la democracia y la monarquía, las engarza en una sola unidad, las torna indistinguibles, inseparables: las funda y las funde.

Además de esa consideración esencialista de la Corona como parte constitutiva del Estado, la Constitución y la dinámica política heredada incluyeron en la monarquía –ya no en su mera existencia, sino en la configuración de su ejercicio– determinadas competencias que, de nuevo, casan mal con la teoría de la democracia. Que, como reza el artículo 62, el rey disponga del «mando supremo de las Fuerzas Armadas» constituye una rémora del absolutismo inaceptable hoy en día. Que sea el rey –y no los propios partidos, a través de la presidencia del Congreso o de cualquier otro cauce– quien proponga, según establece el 99, al candidato a presidente del Gobierno carece de justificación democrática. Que en pleno 2024 se mantenga en un texto constitucional europeo la cuasi Ley Sálica consagrada en el artículo 57 –se preferirá «el varón a la mujer»– supone una aberración. Que la persona del rey sea inviolable y que jurídicamente se interprete esa inviolabilidad como atributo penal y no estrictamente político resulta completamente incomprensible, no ya desde la teoría de la democracia, sino desde el mero ideario liberal, que ha sido siempre un credo contra el despotismo. Que Zarzuela tenga entrada en el CNI o que el presupuesto de la Casa Real no esté por completo fiscalizado por el Parlamento son otras herencias del año casi exacto incompatibles con cualquier justificación democrática.

Aquí entra además en juego la segunda decisión seminal, el modelo representativo. Durante la redacción de la Constitución, fueron UCD y la derecha los que abogaron por blindar la Corona y por otorgarle constitucionalmente ciertos poderes y cierta influencia en la vida política. En una traslación muy básica de los resultados electorales de 1977 a la cuestión monarquía-república, la primera hubiera conseguido un 45% de los votos y la segunda un 55%. Esto es, la mayoría de los electores que se manifestaron votó por partidos republicanos. Sin embargo, en términos de escaños, UCD y AP lograron 181 votos, una mayoría absoluta del Congreso. El sistema electoral sobrerrepresentó a UCD e hizo posible el blindaje monárquico. Por descontado, esa influencia brutal del sistema representativo sobre la naturaleza de las decisiones que se tomaron entonces no solo se articuló sobre la cuestión monarquía vs. república. Como resulta evidente, determinó de manera incontestable la elaboración y promulgación de la mismísima Constitución de 1978, esto es, la definición de las líneas maestras de la nueva democracia. Cuando se acude a una comparación entre, por un lado, la voluntad general expresada en las urnas –pero no tasada en escaños, mediados al fin y al cabo por el sistema electoral acordado por las Cortes franquistas, sino en límpidos y cristalinos votos populares– y, por otro, la correlación de fuerzas realmente existente en aquellas Cortes Constituyentes, cualquiera que albergue una comprensión sincera de lo que significa la voz «democracia» no puede sino albergar una sensación de extravío, pues tales Cortes bien podrían denominarse como «las de las mayorías cambiadas».

Lo que los ciudadanos españoles votaron el 15 de junio de 1977, tras cuarenta años de dictadura, cuarenta años de adoctrinamiento inmisericorde y cuarenta años de implacable control mediático, fue, *grosso modo*: partidos de izquierda y nacionalismos periféricos, 55%; partidos de centro-derecha y derecha, 45%. Mayoría social incontestable para la oposición democrática, y ello en un Parlamento en el que las decisiones se iban a tomar por simple mayoría absoluta, no reforzada, de ambas cámaras. Eso era, en efecto, lo que se pactó en la Ley para la Reforma Política: «Cualquier reforma constitucional requerirá la aprobación por la mayoría absoluta de los miembros del Congreso y del Senado».

Frente a ello, lo que el sistema electoral pergeñó fue el siguiente parlamento. Por un lado, un Congreso en el que dos partidos de derecha, UCD y AP, que no habían alcanzado juntos ni el 43% de los votos de los españoles, lograron 181 escaños, una mayoría que podía hacer y deshacer a su antojo. Fue una suerte –una suerte que explica el éxito histórico del momento democrático que entonces arrancó y que llega hasta hoy– que UCD no apostara por ese camino sino por el del consenso, pactando la Constitución con el resto de las fuerzas políticas. Pero, reconocido eso, se ha de reconocer también que aquel consenso se fraguó sobre una vara de medir arbitraria y sesgada, y que en ese Congreso los tres partidos de izquierda nacionales (PSOE, PCE y PSP) habían conseguido los mismos votos (un 43%) y, sin embargo, sus escaños fueron 144. Todo ello sin contar con los nacionalismos periféricos, que no eran precisamente partidarios de la institucionalidad franquista. Una cosa es estimar que aquello fue un episodio necesario para escapar del abismo. Otra es canonizar un acuerdo que viola las más elementales normas tanto de la democracia –porque era la minoría, y no la mayoría, la que obtuvo el poder de decidir– como del liberalismo, pues el primer requisito para ser iguales ante la ley es serlo también a la hora de decidirla, y eso estuvo, y está, lejos de cumplirse.

Y todavía quedaba –en la *recámara*, nunca mejor dicho– la otra mitad del parlamento, esto es: el Senado. En esa cámara, concebida desde el principio como dispositivo institucional de emergencia de la clase política de la dictadura, UCD, con su 34,4% de votos, logró en solitario el 51% de los senadores electos. Por si esa suerte de grosera manipulación de la voluntad expresada en las urnas (la oposición democrática consiguió en el Senado todavía más votos que en el Congreso: el 60% aproximadamente[5]) no fuera suficiente, el rey Juan Carlos designó personalmente, sin pasar por las urnas, 41 senadores de

---

[5] Véanse los resultados del Senado de 1977 agrupados por partidos en C. T. Powell, *Las primeras elecciones democráticas veinte años después*, Madrid, Congreso de los Diputados, 1998, p. 137.

su gusto, sin legitimación democrática alguna, pero con voto perfectamente *constituyente*. Aquel sistema representativo bicameral se constitucionalizó, en sus líneas generales y definitorias, en 1978. Con su Senado, carente de funciones ordinarias (constitucionales las sigue teniendo: a día de hoy, en 2024, sin el Senado no es posible reformar el texto de 1978), y con su Congreso de Diputados, cuyo inclasificable sistema electoral, pactado en la Ley para la Reforma Política de 1976 por los procuradores franquistas, luce hoy en el interior de la Carta Magna. El PSOE, que se vio sobrerrepresentado en la Cámara Baja, no puso ningún impedimento a su constitucionalización, al contrario. Se olvidó enseguida de todas las airadas críticas que había dirigido al mismo solo unos meses antes, cuando no era en absoluto evidente que el resultado le beneficiaría. Aquí hay que citar a Tocqueville, Mill y la tiranía de las mayorías, porque la cuestión no tiene nada que ver con izquierdas y derechas. Tiene que ver con la esencia del liberalismo, esto es, con los derechos fundamentales.

Durante más de cuarenta años, el debate sobre el sistema electoral ha estado dominado por una perspectiva estrictamente politológica. En una carambola histórica no carente de sarcasmo, el marco discursivo, que llega hasta hoy, lo inauguraron los procuradores franquistas que en noviembre de 1976 abogaron unos a favor de la representación mayoritaria, otros a favor de la proporcional. Cualquiera que asista hoy a una discusión al respecto, encontrará las mismas razones que entonces, dispuestas en idéntica formación. El debate en 2024 es sorprendentemente similar al que se escuchó por primera vez en 1976 durante la elaboración de la Ley para la Reforma Política. Hay dos observaciones relevantes que hacer frente a ese debate, y las dos se encuentran relacionadas.

La primera es que, tal como ocurría entonces, los argumentos puestos sobre la mesa siguen siendo, en esencia, puros subterfugios. No se esgrimen con sinceridad, sino que se abrazan por mero cálculo interesado de poder. Se defiende aquello que interesa, no hay más. No hay manera de demostrar algo así fehacientemente –las *verdaderas intenciones*, de nuevo–, pero la llamativa ausencia de disidencias debería resultar suficiente. Ya lo fue durante la aprobación de la Ley para la Reforma. 531 procuradores, cooptados por el régimen, sin adscripción partidista inicial, llamados a representar a la nación. Y resulta que, cuando han de votar por uno u otro sistema electoral –una cuestión especialmente compleja, que trasciende los límites de la división habitual entre izquierdas y derechas–, no vemos una suerte de distribución aleatoria, puramente personal, de los 531 en uno u otro bando, sino una perfecta formación de combate, en la que solo hay dos grandes bandos que, oh sorpresa, coinciden con la pertenencia a uno u otro de los dos grandes grupos enfrentados. No surgió ni un solo conservador partidario de la representación proporcional, no apareció ni un solo aliado del Gobierno partidario de la mayoritaria. Absoluto consenso grupal que no señala una deliberación personal sustanciada en unas u otras razones políticas, sino más bien una mera manifestación del desnudo interés electoralista particular del grupo de pertenencia. Lo mismo sucederá hasta hoy, pero con otros nombres. No hay izquierdas ni hay derechas, hay cálculo electoralista. Por eso tanto el PP como el PSOE han sido, desde 1977, momento en el que ambos grupos pasaron a ser los indudables beneficiados del modelo, los grandes defensores del sistema electoral. Discrepan en muchas cosas, pero aquí el consenso entre ellos es absoluto.

La segunda cuestión es que quizá sea hora de introducir en ese debate un elemento ya no politológico sino puramente político, sustanciado en una intuición moral que fundamenta la democracia: el sufragio igual. Que un sistema electoral sea proporcional o mayoritario es una cuestión que admite discusión. Que un sistema electoral otorgue a unos ciudadanos un sufragio más influyente que otros, no. Carece de fundamentación democrática. Las razones de corte politológico esgrimidas desde 1976 para defender el sistema electoral solo pueden plantearse una vez damos por hecho el sufragio igual, y eso es algo que no existe en España. Es el derecho democrático fundamental al sufragio igual el que el PP y el PSOE se niegan a garantizar, y pueden hacerlo solo porque juntos son una mayoría constante, continua, inveterada y eterna desde 1977. Una mayoría que impide –por su propio y particular interés– que la ciudadanía tenga un voto igual que pueda controlarles. Si en algún cielo platónico está escrito el significado de la expresión «tiranía de la mayoría», dudo que lo esté con más rigor, con más precisión y con tan modélica perfección como en esta cuestión.

El tercer elemento, la cuestión territorial, ni siquiera se encontraba incluido en la semilla de 1976. La Ley para la Reforma Política se redactó a espaldas de esta cuestión. La evolución de la composición del Senado es palmaria al respecto. Durante todo el año 1976 se suceden, en los planes de los *hombres del rey*, propuestas de funciones para el Senado que hoy en día mueven a risa. «THE DO-NOTHING CHAMBER» denomina a esa cámara el siempre agudísimo Stabler[6]. Era un reducto institucional de las fuerzas vivas de la dictadura y se mantenía solo como eso, como baluarte de poder. El Senado nace, como cámara de representación territorial, muerto en 1976 y muerto ingresa en la Constitución de 1978.

Y, sin embargo, aquí, en este tercer elemento, la Constitución sí que supuso un cambio. Antes he dicho que una semilla solo puede dar un árbol determinado. Un árbol que se puede podar, se puede arreglar, se puede aligerar o se puede adornar, pero que tiene, en términos aristotélicos, una esencia, una manera de ser constitutiva inalterable. Es un roble, o un fresno, o un abeto, y ni es ni puede ser los demás árboles. La semilla de 1976 no incluía ningún elemento descentralizador y, desde lue-

---

[6] Cable 00521 MADRID, 23 de enero de 1976.

go, el Senado no era una cámara concebida para ello. Pero en 1978 se procedió a algo parecido a un injerto en el árbol que, en 1976, había empezado a germinar. El incipiente Estado de las Autonomías y el bloque de la constitucionalidad recogieron el elemento descentralizador. La monarquía y el sistema electoral, sin embargo, permanecieron inalterados, la primera a salvo de posibles mayorías democráticas, el segundo protegido frente a la igualdad del sufragio.

Esta imagen de la semilla y los injertos corre paralela a la tesis de Ignacio Sánchez-Cuenca sobre las dos fases de la Transición. A su juicio, en el proceso se pueden distinguir dos etapas. La primera va desde la muerte de Franco hasta las elecciones de 1977. Aquí «no hubo concordia, ni pacto, ni consenso […]. El cambio político se produjo desde arriba, desde las instancias de poder del Estado, unilateralmente, sin el concurso de los partidos opositores»[7]. La segunda fase transcurre desde las elecciones hasta la aprobación de la Constitución. Al contrario que la anterior, esta etapa estuvo «caracterizada por el consenso y los pactos a los que llegaron las fuerzas políticas con representación parlamentaria, y es la que ha impreso un sello específico al modelo español de democratización»[8]. De tal modo, «en los libros más superficiales y propagandísticos sobre la transición, tiende a proyectarse lo que sucedió en la segunda fase sobre la primera. De este modo, la transición española se caracterizaría sobre todo por pactos incluyentes entre las elites del régimen y de la oposición. No es esto, sin embargo, lo que sucedió en la primera fase»[9].

Junto a esta organización *cronológica* en dos etapas –con la que estoy sustancialmente de acuerdo–, los cables de Stabler dibujan otra imagen, una en la que los hechos se disponen des-

---

[7] Sánchez-Cuenca, *Atado y mal atado*, cit., p. 15.
[8] *Ibid.*, p. 14.
[9] *Ibid.*, p. 15.

de una perspectiva más bien decisional o *política*. La Transición tal como se diseñó desde arriba por las elites aperturistas del franquismo –esto es, 1976, el año casi exacto, *la semilla* de la Transición, los cimientos de todo– se encontró con resistencias desde abajo y, a lo largo de la gestación del proceso en su conjunto, algunas de tales resistencias tuvieron que ser atendidas. En el árbol de la democracia española cabría distinguir así entre dos elementos bien diferenciados: la semilla inicial y los injertos posteriores. La semilla se decidió arriba, los injertos (básicamente la Amnistía y la Constitución) se pelearon desde abajo. Desde esta perspectiva, la legalización del Partido Comunista supuso el primer injerto. No estaba en el plan, pero la presión de la calle y del movimiento obrero obligaron a Suárez a transigir. Tal como los cables de Stabler desvelan, la inclusión de los comunistas fue un triunfo de las movilizaciones populares y sindicales que, sin embargo, y paradójicamente, quedó totalmente oculto por la versión historiográfica que se impuso, que entronizó una visión moralizante y despolitizada según la cual todo se debió a la demostración de civismo desplegada por los comunistas tras la matanza de Atocha.

La inclusión del PCE, con todo, no supuso un injerto institucional, sino más bien una decisión política ordinaria, por muy trascendental que resultase en su día. Después de todo, fue solo un adelanto de algo que ya estaba previsto hacer tras las elecciones. Unas elecciones, las de 1977, a las que los *hombres del rey* llegaron sin mayores sobresaltos. En febrero de ese mismo año, Suárez afirma que «NO ERA LA SITUACIÓN POLÍTICA LA QUE LE PREOCUPABA, YA QUE A SU JUICIO TODO ESTABA BASTANTE CONTROLADO. MÁS BIEN CREÍA QUE LOS PROBLEMAS CRUCIALES EN ESE MOMENTO ERAN LOS ECONÓMICOS Y SINDICALES»[10]. La semilla empezaba a germinar, y la democracia que estaba dando a luz tenía la forma deseada: monárquica, bicame-

---

[10] Cable 01216 MADRID, 16 de febrero de 1977.

ral, centralista y con un sistema electoral diseñado por ellos.

Además, en un proceso que, de nuevo, Stabler desvela muy bien, por fuera de ese armazón *jurídico* desde el Gobierno se habían movido los hilos necesarios para influir *también* en la sociedad, de tal modo que tanto el sistema de partidos como el movimiento sindical resultantes adoptaran formas más convenientes de acuerdo a lo que ellos estimaban «lo necesario». La metáfora de la semilla y los injertos explica muy bien los derroteros posteriores de la mirada hacia aquel periodo. La polémica de la «Transición inmaculada» contra la «Transición putrefacta» consiste en buena medida en una cuestión de enfoque. Para los que atienden sobre todo a la semilla, la Transición fue una carta otorgada por las elites del tardofranquismo; para los que atienden a los injertos, fue una conquista democrática de la gente. Para los primeros, la Constitución no es un árbol que surge a partir de una simiente primigenia, una creación *ex novo* decidida por las urnas, sino más bien un injerto democrático hecho en una planta más antigua cuya esencia no fue decidida por la ciudadanía y permanece inalterable. Para los segundos, las Cortes Constituyentes de 1978 atesoraban toda la legitimidad y la libertad del mundo para plantar un nuevo árbol democrático, completamente al margen del franquismo, un árbol que germinó entonces y que dio lugar a nuestra democracia. Si son unos u otros los que tienen razón constituye una cuestión que permanece abierta y que probablemente no pueda cancelarse nunca de un modo definitivo, pues es ella misma política y no meramente histórica. Si no otra cosa, los cables de Stabler nos ayudan a labrarnos una opinión más formada al respecto.

CAPÍTULO IV

Voces remotas de un espía plenipotenciario

Hay muchas otras cosas que Stabler desvela y que aquí no puedo recoger. Como he dicho, mi interés por los cables y mi lectura de los mismos se originaron en el contexto de una investigación sobre el sistema electoral. Yo no soy historiador, soy una mezcla muy incompleta de filósofo, politólogo y jurista, y una de mis especialidades es la teoría de la representación en el marco de la teoría, más amplia, de la democracia. Los teletipos me hicieron ver que nuestro conocimiento sobre el origen del sistema electoral era probablemente incorrecto. Lo mismo me ocurrió con la tesis más habitual sobre la legalización del Partido Comunista o con la centralidad del año 1976. En esas tres cuestiones, y en especial en la primera, me he sentido con fuerza para volcar mis intuiciones en otros tantos capítulos, que son los que componen este breve ensayo. Pero hay otros muchos, muchísimos, aspectos a los que es probable que Stabler pueda arrojar otra luz. Y quizá lo más importante de este libro consista en comunicar a otros investigadores la existencia de esos miles de teletipos. Como el niño que descubre una cueva con pinturas, yo solo puedo llamar a los especialistas a que investiguen, pero me encuentro incapacitado para dilucidar el valor de las pinturas. Soy incapaz de saber si son un tesoro de hace 40.000 años o una gamberrada de hace dos décadas.

En los cables de Stabler aparecen múltiples cuestiones sobre las que es posible que se iluminen nuevas perspectivas o se ofrezca un tipo de información precisa que refuerce o rebata una u otra hipótesis histórica. Yo me he centrado sobre todo en los años 1976 y 1977, pero los años desclasificados son más, y van del 73 al 79. No puedo saber si todos los embajadores estadounidenses eran o son tan observadores, tan precisos, tan meticulosos y tan agudos como lo fue Stabler, pero la coincidencia de una personalidad como la suya en un momento tan especial como el que se vivió en España tras la muerte de Franco es posible que sea una casualidad pocas veces repetida.

Stabler ofrece información relevante sobre aspectos cruciales de nuestra Transición que sin duda serán de interés para todos aquellos estudiosos de unas u otras cuestiones que se planearon entonces y que en buena medida llegan hasta nosotros. Hay cables sobre la génesis de UCD y sobre el comportamiento individual de los prohombres de la época –Areilza, Cabanillas, Fernández Ordoñez, etc.– que merecerían estudiarse en las facultades de Ciencias Políticas. Ocurre lo mismo con respecto a la historia interna del PSOE: González, Yáñez, Boyer, Múgica…, todos hablan con Stabler. Por sus teletipos aparecen la crisis económica, la cuestión de la OTAN y de las bases, la organización de los sindicatos, la configuración de las regiones, Trevijano y la oposición democrática, ETA, el Grapo, el búnker, la política internacional, la cuestión de don Juan y sus relaciones con su hijo, el famoso «papelito» de Torcuato, etc. Hay cables y declaraciones que, inesperadamente, desvelan cuestiones que darían por sí mismas para otro capítulo, si no para otro ensayo. Así, en el cable citado de la conversación con Trías Fargas, por entonces líder de Esquerra Democrática de Catalunya, un minipartido que acabaría integrado en la Convergencia de Pujol, este habla del «PROBLEMA DE QUE HAY DEMASIADOS INMIGRANTES, TANTOS QUE EL ÁREA NO PUEDE ABSORBER MÁS SIN PERDER SUS RASGOS BÁSICOS. ÉL PENSABA QUE DEBERÍAN OFRECERSE INCENTIVOS PARA QUE PUDIERAN RETORNAR A SUS LUGARES DE ORIGEN (BÁSICAMENTE, ANDALUCÍA)»[1], y, en

---

[1] Cable 00074 MADRID, 5 de enero de 1977.

otro cable algo anterior, un ministro de Suárez le confiesa a Stabler que «EL MAYOR PROBLEMA QUE AHORA MISMO TIENE EL GOBIERNO ES CONTROLAR A LAS FUERZAS DE ORDEN PÚBLICO (ESPECIALMENTE LA GUARDIA CIVIL)»[2]. Como he dicho en la introducción, sumergirse en los cables de Stabler es como escuchar un magnetofón colocado en el mismo centro del poder y que hemos descubierto cuarenta años después. Los estudiosos de esos y otros aspectos del pasado encontrarán en ellos una perspectiva siempre interesante y en ocasiones novedosa. Como ya he señalado, uno de los objetivos de este ensayo es llamar la atención sobre ello.

Sin embargo, en Stabler no está todo, ni mucho menos. Al rey se le concede a menudo el título de *piloto* de la Transición. Se ha dicho también que Torcuato fue el *guionista* y Suárez el *actor* principal. Se trata de etiquetas que resultan en buena medida ciertas, pero que, a la vez, dibujan un panorama del todo incompleto, pues ignoran la fuerza fundamental que originó todo el proceso. Si la Transición tuvo, en términos aristotélicos, un primer motor, una *dynamis* que puso en marcha toda aquella energía que esos y otros actores acertaron a canalizar de mejor o peor manera, ese motor fue la gente, la ciudadanía. Stabler es un micrófono en las salas de mando, pero la calle le llega solo por la prensa. La Transición, sin embargo, fue la manifestación política de un clamor social que latía en la vida cotidiana de los españoles: en los sindicatos, en las universidades, en las asambleas vecinales, en las reuniones clandestinas de los partidos políticos ilegalizados, en los locales parroquiales facilitados por la Iglesia, incluso –también– en los cuarteles, con la Unión Militar Democrática. Fue la sociedad española la que obligó a los herederos del franquismo a transitar desde las estructuras propias de una mentalidad dictatorial y caudillista hasta las de una sociedad libre y abierta.

---

[2] Cable 08532 MADRID, 10 de noviembre de 1976.

APÉNDICE
Los cables de Stabler

Los cables pueden consultarse en esta dirección: [https://aad.archives.gov/aad/series-description.jsp?s=4073&cat=all&bc=]. El sistema permite buscar por palabras y años. La información es oceánica, son cables de todas las embajadas estadounidenses. Como ocurre con internet, navegar por ellos solo resultará fructífero –salvo improbables carambolas– si se sabe qué se busca o si se acota un tema.

Los cables ocupan, de media, unas 4 páginas. En muchos de ellos, Stabler incluye un *summary* (resumen) inicial. La última página de cada cable recoge algo parecido a «metadatos»: fechas, restricciones, tipo de clasificación, etcétera.

Copio aquí algunos de esos cables tal como aparecen en el ordenador, descargables en formato PDF. Los incluyo solo como muestra del tipo de material que ofrecen los teletipos. Como se observará, su contenido resulta, por muchos motivos, muy interesante, pero solo puede quedar apuntado, como acicate para posteriores investigaciones.

Cable 1. 6 de noviembre de 1975. Conversación con Fernando Suárez.

Suárez (Fernando) era en noviembre de 1975 un ministro aperturista. Es muy interesante su reflexión sobre la necesidad de modificar las estructuras del franquismo paulatinamente, y la razón que ofrece al respecto: si hubiera un cambio brusco, no solo la extrema derecha, sino personas como él mismo, que no vivieron la guerra pero que se encuentran de un modo u otro asociadas al régimen, «no tendrían otra opción que acudir en defensa del régimen si lo que prevaleciera fuera el espíritu de venganza».

Message Text

CONFIDENTIAL

PAGE 01 MADRID 07756 061327Z

53
ACTION EUR-12

INFO OCT-01 ISO-00 EURE-00 SAM-01 SSO-00 NSCE-00 USIE-00

INRE-00 CIAE-00 DODE-00 PM-04 H-02 INR-07 L-03

NSAE-00 NSC-05 PA-01 PRS-01 SP-02 SS-15 SAJ-01 OMB-01

COME-00 EB-07 LAB-04 SIL-01 /068 W
———————— 006182
O 061215Z NOV 75
FM AMEMBASSY MADRID
TO SECSTATE WASHDC IMMEDIATE 3552

C O N F I D E N T I A L MADRID 7756

E O 11652: GDS
TAGS: PINT, SP
SUBJ: AMBASSADOR'S CONVERSATION WITH LABOR MINISTER FERNANDO
SUAREZ GONZALEZ

SUMMARY: FERNANDO SUAREZ, LABOR MINISTER AND A LEADING CABINET
APERTURISTA, EXPRESSED CONFIDENCE PRINCE WOULD MOVE COUNTRY
TOWARDS PROGRESSIVE DEMOCRATIZATION IN MEASURED EVOLUTIONARY
FASHION, WITHOUT TEARING DOWN REGIME STRUCTURES. RAPID DISMANTLING
DESIRED BY OPPOSITION WOULD PROVOKE A STRONG REACTION AMONG ALL
THOSE MODERATES AND HARDLINERS ALIKE--WHO HAVE BEEN
ASSOCIATED WITH THE REGIME. HE FELT PRINCE WAS LIKELY TO KEEP
PRMIN ARIAS ON FOR TRANSITION BUT WOULD MAKE EXTENSIVE CHANGES
IN CABINET. KEY TO LIBERALIZATION WOULD BE MARCH CORTES
ELECTIONS, AFTER WHICH HE HOPED NECESSARY REFORMS COULD BE
PURSUED VIA LEGISLATION. SUAREZ STRESSED THAT DEMANDS OF
DEMOCRATIC OPPOSITION THAT SUCCESSOR REGIME SHOULD LEGALIZE
COMMUNIST PARTY WERE TOTALLY UNREALISTIC. END SUMMARY.

1. DURING LUNCH AT RESIDENCE NOV 4, LABOR MINISTER FERNANDO
SUAREZ GONZALEZ COMMENTED EXTENSIVELY ON THE SUCCESSION AND
OTHER TOPICS. SUAREZ IS ALSO 3RD VICE PRESIDENT OF GOVT WITH
COORDINATING RESPONSIBILITY FOR GOVT'S LABOR AND SOCIAL POLICIES
AND IS RECOGNIZED AS A REGIME LIBERALIZER AND AS ONE OF THE MOST
CONFIDENTIAL

CONFIDENTIAL

PAGE 02 MADRID 07756 061327Z

APERTURISTA CABINET MINISTERS.

2. SUAREZ FELT PRINCE WOULD KEEP PRIME MINISTER ARIAS ON FOR THE TRANSITION BUT FELT PRINCE WOULD ALSO BE LIKELY TO HAVE ARIAS MAKE EXTENSIVE CHANGES AMONG CABINET. SUAREZ DISCOUNTED MOTRICO AS PRIME MINISTER BECAUSE IT WOULD ANTAGONIZE A GREAT MANY WITHIN REGIME UPON WHOM PRINCE MUST RELY FOR SUPPORT FRAGA WAS ALSO UNLIKELY BUT HAD A BETTER CHANCE TO BECOMETHE PRINCE'S SECOND PRIME MINISTER AFTER ARIAS.

3. THE PRINCE WOULD MOVE THE COUNTRY TOWARDS THE PROGRESSIVE DEMOCRATIZATION WHICH MOST SPANIARDS DESIRE, BUT WOULD HAVE TO DO IT IN A VERY MEASURED, STEADY, AND EVOLUTIONARY FASHION. THIS MUST BE ACCOMPLISHED THROUGH REFORM AND WITHOUT TEARING DOWN REGIME STRUCTURES AND INSTITUTIONS. TOO ABRUPT A CHANGE WOULD MAKE ALL THOSE ASSOCIATED WITH THE REGIME FEEL THREATENED. THE OPPOSITION'S HOPES FOR RAPID DISMANTLING OF REGIME INSTITUTIONS WERE FALSE AND DANGEROUS, BECAUSE RAPID DISMANTLING WOULD PROVOKE NOT ONLY THE ULTRA RIGHT,WHICH WAS A STRONG FORCE IN ITSELF, BUT ALSO THE VAST NUMBERS OF PERSONS IN SPAIN WHO HAVE BEEN ASSOCIATED IN ONE WAY OR ANOTHER WITH THE REGIME. HE CITED HIMSELF, TOO YOUNG TO REMEMBER THE CIVIL WAR, AS A PERSON WHO HAD ALWAYS ASPIRED TO MORE DEMOCRACY FOR SPAIN HIS FATHER HAD EVEN BEEN JAILED FOR INSULTING THE NAZIS DURING WORLD WAR II, BUT HE WOULD HAVE NO CHOICE BUT TO COME TO THE DEFENSE OF THE REGIME IF A SPIRIT OF REVENGE WERE TO PREVAIL AMONG THE SPANISH OPPOSITION.

4. WHEN ASKED WHAT TYPE OF GESTURE THE NEW KING COULD MAKE TOWARDS THE MODERATE OPPOSITION, SUAREZ SAID THAT THE PRINCE'S FIRST MAJOR SPEECH WOULD BE VITALLY IMPORTANT, HE SHOULD SET A DEFINITE CALENDAR WHICH WOULD LEAD SPAIN TO MORE DEMOCRATIC FORMS. LESSER ACTIONS, SUCH AS AN "INDULTO" (COMMUTATION OF SENTENCES) FOR PRISONERS EXCEPT THOSE INVOLVED IN "CRIMES OF BLOOD" ARE ALSO LIKELY

5. A STEPPED-UP PROGRAM CONTINUING THE SPIRIT OF TYWAS' FEB 12, 1974 PROGRAM IS WHAT IS REALISTICALLY POSSIBLE. THE KEY TO SUCH REFORMS WOULD BE THE MARCH 1976 CORTES ELECTIONS. IT IS RIDICU- LOUS FOR THE OPPOSITION TO SUGGEST DISMANTLING OF THE CORTES, BUT THE NEW GOVT MUST DO ITS UTMOST TO SOMEWHATCHANGE THE CORTES' CONFIDENTIAL

CONFIDENTIAL

PAGE 03 MADRID 07756 061327Z

COMPOSITION IN THE MARCH ELECTIONS. COMPLETELY FREE ELECTIONS, UNDER THE PRESENT RULES, FOR FAMILY MEMBERS, NATIONAL COUNCILORS OF THE MOVEMENT,AND OTHER CORTES SECTORS, WOULD PROBABLY BE SUFFICIENT TO INSURE THAT A NEW GROUP OF SINCERE APERTURISTAS WOULD REPLACE MANY OF THE CURRENT, CONSERVATIVE CORTES DIEHARDS. THIS GREATLY EXPANDED NUCLEUS OF APERTURISTAS WOULD WORK WITH THE PRINCE AND GOVT A SMALL BUT VOCAL GROUP OF FRANQUIST DIEHARDS WOULD SURVIVE IN THE CORTES AND WOULD SEEK TO OBSTRUCT

LIBERALIZATION, BUT A MUCH LARGER FLOATING GROUP WOULD SUPPORT
THE PRINCE AND THE APERTURISTAS OUT OF OPPORTUNISM. THE GOVT
COULD ACHIEVE, BY MEANS OF LEGISLATION, THE NECESSARY REFORMS.
SUAREZ HOPED THE EXISTING POLITICAL ASSOCIATIONS WOULD PLAY A
PROMINENT ROLE

6. RE LEGALIZATION OF THE COMMUNIST PARTY, SUAREZ SAID THAT
WHILE HE FULLY ACCEPTED THE PRINCIPLE THAT DEMOCRAIC MODERATE
OPPOSITION GROUPS WOULD HAVE TO BE ALLOWED POLITICAL PARTICIPA-
TION AT SOME POINT IN THE RELATIVELY NEAR FUTURE,HE FELT IT WAS
UNREALISTIC OF THE OPPOSITION TO KEEP INSISTING ON LEGALIZATION
OF THE SPANISH COMMUNIST PARTY (PCE). HE WOULD OPPOSE LEGALIZA-
TION UNLESS THE NATURE OF COMMUNISM CHANGED.

7. I ASKED ABOUT THE RECENT DETENTION OF SOCIALISTS AND OTHER
MODERATE OPPOSITIONISTS, WHICH DID NOT APPEAR TO REFLECT THE
LIBERAL INTENTIONS OF THE PRINCE AND THE GOVT. SUAREZ REPLIED
THAT MINISTER OF GOVT GARCIA HERNANDEZ IS BY NO MEANS THE
REACTIONARY THAT MANY THINK. IT WAS DIFFICULT, HOWEVER, FOR THE
POLICEMAN IN TH STREET--USED TO HAVING HIS RATHER ARBITRARY WAY
FOR SOME 35 YEARS, TO REFLECT THE MORE ENLIGHTENED ATTITUDE IN
THE HIGHER LEVELS OF GOVT. HE CITED NOV 1974 ARRESTS OF 14
PROMINENT MODERATE OPPOSITION LEADERS OF THE "PLATAFORMA DE
CONVERGENCIA" AS AN INSTANCE WHERE THE HIGHER OFFICIALS DID NOT
KNOW ABOUT THESE EMBARRASSING ARRESTS UNTIL AFTER THEY HAD BEEN
MADE

8. RE LABOR, SUAREZ SAID IT WAS NOTABLE THAT DURING THE PAST SIX
MONTHS THEREHAS BEEN VERY LITTLE STRIKE ACTIVITY, WHICH HE
ATTRIBUTED TO THE WORSENING ECONOMIC SITUATION AND STEADILY
INCREASING UNEMPLOYMENT, SINCE WORKERS' FEAR LOSING THEIR JOBS
IN AN INCREASINGLY DIFFICULT JOB MARKET. ON FUTURE OF THE
GOVT-CONTROLLED SPANISH SYNDICAL ORGANIZATION (SSO), SUAREZ
CONFIDENTIAL

CONFIDENTIAL

PAGE 04 MADRID 07756 061327Z

CLAIMED THE WORKER UNITY WHICH THE SSO EMBODIES MUST BE MAINTAINED.
WE POINTED OUT THAT THE PCE ALSO CALLS FOR WORKER UNITY AND THAT
IT IS THE PCE'S INTENTION TO TAKE OVER THE SSO FROM BELOW,BUT
NOTED THAT DEMOCRATIC LABOR GROUPS, ON THE OTHER HAND, CALL FOR
LABOR PLURALISM. SUAREZ THEN FUDGED A BIT AND SAID THE SSO IN
THE FUTURE SHOULD MAINTAIN LABOR UNITY BUT ALLOW PLURALISM WITHIN
THE ORGANIZATION IN THE FORM OF SYNDICAL ASSOCIATIONS AT A LOWER
LEVEL. SUAREZ ALSO CALLED FOR MAJOR CHANGES IN THE SSO STRUCTURE:
(A) IT SHOULD BE DIVORCED FROM GOVT; AND (B) THERE SHOULD BE
SEPARATION BETWEEN EMPLOYER AND WORKER COMPONENTS.

9. DURING THE CONVERSATION, SUAREZ ASKED ME ABOUT THE US ATTITUDE
I TOLD HIM THE US SUPPORTED EVOLUTIONARY CHANGE TOWARD A PLURAL-
ISTIC SOCIETY, ONE THAT WOULD ENCOMPASS THE DEMOCRATIC ELEMENTS
OF THE NATION BUT WOULD NOT HAVE ANYTHING TO DO WITH THE COMMU-

NISTS. WE ALSO RECOGNIZED THE CONSTRAINTS AND THE NEED TO PRO-
CEED IN A WAY THAT WOULD NOT PROVOKE POLARIZATION AND UNHINGE
THE PROCESS. I TOLD SUAREZ WE WERE IN TOUCH WITH ALL RESPECTABLE
POLITICAL GROUPS, INCLUDING THE DEMOCTRIC OPPOSITION. SUAREZ
INTERJECTED THAT THIS WAS EVERY GOOD AND MANY WERE HIS FRIENDS
I SHOULD ADD THAT SUAREZ' REMARKS POINT UP THE POTENTIAL TENSION
BETWEEN OPPOSITION DESIRES FOR QUICK CHANGE AND REGIME DESIRES
TO ACCELERATE, BUT NOT MARKEDLY CHANGE THE CURRENT COURSE
FINDING A MIDDLE GROUND WILL BE A TRICKY PROCESS
STABLER

CONFIDENTIAL

NNN

127

Message Attributes

Automatic Decaptioning: X
Capture Date: 01 JAN 1994
Channel Indicators: n/a
Current Classification: UNCLASSIFIED
Concepts: DIPLOMATIC DISCUSSIONS, POLITICAL SITUATION, PRESIDENTIAL SUCCESSION
Control Number: n/a
Copy: SINGLE
Draft Date: 06 NOV 1975
Decaption Date: 01 JAN 1960
Decaption Note:
Disposition Action: RELEASED
Disposition Approved on Date:
Disposition Authority: ElyME
Disposition Case Number: n/a
Disposition Comment: 25 YEAR REVIEW
Disposition Date: 28 MAY 2004
Disposition Event:
Disposition History: n/a
Disposition Reason:
Disposition Remarks:
Document Number: 1975MADRID07756
Document Source: CORE
Document Unique ID: 00
Drafter: n/a
Enclosure: n/a
Executive Order: GS
Errors: N/A
Film Number: D750385-1154
From: MADRID
Handling Restrictions: n/a
Image Path:
ISecure: 1
Legacy Key: link1975/newtext/t19751168/aaaacjed tel
Line Count: 179
Locator: TEXT ON-LINE, ON MICROFILM
Office: ACTION EUR
Original Classification: CONFIDENTIAL
Original Handling Restrictions: n/a
Original Previous Classification: n/a
Original Previous Handling Restrictions: n/a
Page Count: 4
Previous Channel Indicators: n/a
Previous Classification: CONFIDENTIAL
Previous Handling Restrictions: n/a
Reference: n/a
Review Action: RELEASED, APPROVED
Review Authority: ElyME
Review Comment: n/a
Review Content Flags:
Review Date: 18 JUN 2003
Review Event:
Review Exemptions: n/a
Review History: RELEASED <18 JUN 2003 by MartinML>, APPROVED <31 OCT 2003 by ElyME>
Review Markings:

Review Media Identifier:
Review Referrals: n/a
Review Release Date: n/a
Review Release Event: n/a
Review Transfer Date:
Review Withdrawn Fields: n/a
Secure: OPEN
Status: NATIVE
Subject: AMBASSADOR'S CONVERSATION WITH LABOR MINISTER FERNANDO SUAREZ GONZALES
TAGS: PFOR, PINT, SP, US, (SUAREZ GONZALES, FERNANDO)
To: STATE
Type: TE
Markings:

128

Cable 2. 4 de noviembre de 1976. Financiación de UGT.

El cable refleja la estrategia seguida por Estados Unidos, por Alemania y por el Gobierno español de ayudar económicamente a UGT para contrarrestar la influencia de CCOO, dominada por los comunistas. Calculan que UGT necesita 120 millones de dólares anuales, pero que actualmente solo cuenta con 6.

Message Text

CONFIDENTIAL

PAGE 01   MADRID 08353 050752Z

17
ACTION SIL-01

INFO OCT-01 EUR-12 IO-13 ISO-00 CIAE-00 COME-00 EB-07

    INR-07 LAB-04 NSAE-00 /045 W
    ---------------- 105593
R 041516Z NOV 76
FM AMEMBASSY MADRID
TO USMISSION EC BRUSSELS
INFO SECSTATE WASHDC 7787
AMEMBASSY BONN
AMEMBASSY BRUSSELS
AMEMBASSY COPENHAGEN
AMEMBASSY DUBLIN
AMEMBASSY THE HAGUE
AMEMBASSY LISBON
AMEMBASSY LONDON
AMEMBASSY OSLO
AMEMBASSY PARIS
AMEMBASSY ROME
AMEMBASSY STOCKHOLM
USMISSION NATO
USMISSION GENEVA

C O N F I D E N T I A L MADRID 8353

E O 11652: XGDS-1
TAGS: ELAB, SP
SUBJECT: ITMES ON ICFTU'S AGENDA SPAIN

REF: EC BRUSSELS 10756 (NOTAL)

1. REGARDING THE ICFTU EXECUTIVE BOARD AGENDA ITEM DEALING WITH SPAIN (PARA 4E REFTEL), INTERNATIONAL SECRETARY MANUEL SIMON OF THE SOCIALIST UGT TOUCHED ON THIS MATTER DURING THE COURSE OF A CONVERSATION NOVEMBER 2 (REPORTED SEPTEL) WITH AFL-CIO'S MIKE BOGGS AND LABATT. SIMON TOLD US THAT HE AND UGT SECGEN NICOLAS REDONDO PLANNED TO GO TO BRUSSELS AT THE TIME OF THE ICFTU EXECUTIVE BOARD MEETING NOVEMBER 24-26 TO MAKE A PITCH FOR MORE ASSISTANCE
CONFIDENTIAL

CONFIDENTIAL

PAGE 02   MADRID 08353 050752Z

2. ACCORDING TO SIMON, ICFTU FINANCIAL ASSISTANCE TO THE
UGT IS CURRENTLY ONLY RUNNING ABOUT PTAS. 6 MILLION (US$88,000)
YEARLY. THE UGT HAS CALCULATED THAT THEY WILL NEED A BUDGET
OF PTAS. 120 MILLION (US $1.76 MILLION) FOR 1977. ON THEIR
OWN, USING ALL THEIR RESOURCES, SIMON FIGURED THAT THEY COULD
PERHAPS RAINSE PTAS. 40 MILLION (US $588,000), LEAVING A
SHORTAGE OF PTAS. 80 MILLION US $1.18 MILLION). THUS THE
UGT HOPED THAT THE ICFTU MIGHT BE ABLE TO HELP FILL THE GAP.

3. COMMENT. THERE IS LITTLE QUESTION THAT AT THEMOMENT,
THE UGT DOES NOT HAVE THE FINANCES WHICH WILL BE NEEDED (AS
SOON AS THE EXPECTED LEGALIZATION OCCURS) TO MOUNT AN EFFECTIVE
MEMBERSHIP DRIVE IN COMPETITION WITH THE COMMUNIST DOMINATED
WORKERS COMMISSIONS (SWC). GIVEN THE ICFTU'S OWN PRECARIOUS
FINANCIAL STRAITS, HOWEVER, THE UGT MAY HAVE TO LOOK ELSEWHERE
IN EUROPE IN THE RESPECT. HOWEVER, THE UGT DOES HAVE
"GREAT EXPECTATIONS" AS CONCERNS POSSIBLE WEST GERMAN DGB
FINANCIAL COMMITMENTS, FOLLOWING THE VISIT OF A HIGH POWERED
DGB DELEGATION LAST WEEK (MADRID 8119.)
STABLER

CONFIDENTIAL

NNN

130

Message Attributes

Automatic Decaptioning: X
Capture Date: 01 JAN 1994
Channel Indicators: n/a
Current Classification: UNCLASSIFIED
Concepts: MEETING AGENDA, POLICIES, MEETING DELEGATIONS, FOREIGN ASSISTANCE
Control Number: n/a
Copy: SINGLE
Draft Date: 04 NOV 1976
Decaption Date: 01 JAN 1960
Decaption Note:
Disposition Action: RELEASED
Disposition Approved on Date:
Disposition Authority: ElyME
Disposition Case Number: n/a
Disposition Comment: 25 YEAR REVIEW
Disposition Date: 28 MAY 2004
Disposition Event:
Disposition History: n/a
Disposition Reason:
Disposition Remarks:
Document Number: 1976MADRID08353
Document Source: CORE
Document Unique ID: 00
Drafter: n/a
Enclosure: n/a
Executive Order: X1
Errors: N/A
Film Number: D760412-1287
From: MADRID
Handling Restrictions: n/a
Image Path:
ISecure: 1
Legacy Key: link1976/newtext/t19761182/aaaacsue tel
Line Count: 81
Locator: TEXT ON-LINE, ON MICROFILM
Office: ACTION SIL
Original Classification: CONFIDENTIAL
Original Handling Restrictions: n/a
Original Previous Classification: n/a
Original Previous Handling Restrictions: n/a
Page Count: 2
Previous Channel Indicators: n/a
Previous Classification: CONFIDENTIAL
Previous Handling Restrictions: n/a
Reference: 76 EC BRUSSELS 10756
Review Action: RELEASED; APPROVED
Review Authority: ElyME
Review Comment: n/a
Review Content Flags:
Review Date: 06 APR 2004
Review Event:
Review Exemptions: n/a
Review History: RELEASED <06 APR 2004 by KelleyWO>; APPROVED <09 AUG 2004 by ElyME>
Review Markings:

Margaret P. Grafeld
Declassified/Released
US Department of State
EO Systematic Review
04 MAY 2006

Review Media Identifier:
Review Referrals: n/a
Review Release Date: n/a
Review Release Event: n/a
Review Transfer Date:
Review Withdrawn Fields: n/a
Secure: OPEN
Status: NATIVE
Subject: ITMES ON ICFTU'S AGENDA: SPAIN
TAGS: ELAB, SP, ICFTU
To: EC BRUSSELS
Type: TE
Markings: Margaret P. Grafeld Declassified/Released US Department of State EO Systematic Review 04 MAY 2006

Cable 3. 2 de febrero de 1977. Conversación con Arzalluz.

Una conversación del cónsul norteamericano en Bilbao con Arzalluz. Historia del PNV, ideología, semblante personal de Arzalluz, relaciones con otros partidos democratacristianos, opinión sobre el PCE y el PSOE, financiación de la CDU alemana, amnistía, legalización de la ikurriña, sustitución de la Guardia Civil por una policía propia, etc. Imposible sintetizar más o mejor la información política.

Message Text

CONFIDENTIAL

PAGE 01   MADRID 00835 021734Z
ACTION EUR-12

INFO OCT-01 ISO-00 CIAE-00 DODE-00 PM-04 H-01 INR-07 L-03
     NSAE-00 NSC-05 PA-01 PRS-01 SP-02 SS-15 USIA-06 CU-02
     SAJ-01 OMB-01 TRSE-00 SY-05 MCT-01 068 W
     ------------------030133Z 024604 /63
R 021241Z FEB 77
FM AMEMBASSY MADRID
TO SECSTATE WASHDC 8842
INFO AMEMBASSY LISBON
AMEMBASSY PARIS
AMCON BORDEAUX

C O N F I D E N T I A L MADRID 835

E O 11652 XGDS-1
TAGS PINT, SP
SUBJECT: PNV LEADER JAVIER ARZALLUZ COMMENTS ON THE BASQUE
SCENE, HISPARTY, AND AUTONOMY, EXPRESSES CONCERNS RE COMMUNISTS

1 AMCONSUL BILBAO RECENTLY CALLED ON JAVIER ARZALLUZ,
44-YEAR-OLD BASQUE NATIONALIST PARTY (PNV) LEADER. AR-
ZALLUZ, A FORMER JESUIT PRIEST WHO NOW DIVIDES HIS TIME BE-
TWEEN HIS LAW PRACTICE, THE TEACHING OF LAW AND POLITICAL
SCIENCE AT DEUSTO UNIVERSITY, AND THE PROMOTION OF BASQUE
NATIONALIST POLITICS, IS THE MOST ACTIVE AND PROBABLY THE
MOST IMPORTANT FIGUE IN THE PNV. THE MOST POWERFUL POL-
ITICAL ORGANIZATION IN THE BASQUE PROVINCES. AMCONSUL
BILBAO PROVIDED THE FOLLOWING REPORT OF THEIR CONVERSATION.

2 PNV BACKGROUND, ORGANIZATION AND MEMBERSHIP. ARZALLUZ
BEGAN BY POINTING OUT THAT THE STILL ILLEGAL PNV, FUNDA-
MENTALLY A CATHOLIC AND CONFESSIONAL PARTY, WAS THE ONLY
REPRESENTATIVE OF THE IBERIAN PENINSUAL AT THE 1946 MEET-
ING IN PARIS OF THE 'NOUVELLE EQUIPE INTERNATIONALE.'
WHEN REPRESENTATIVES FROM FRANCE, ITALY AND THE LOW COUNT-
RIES FUNDED THE EUROPEAN CHRISTIAN DEMOCRATIC UNION THE
CONFIDENTIAL

CONFIDENTIAL

PAGE 02   MADRID 00835 021734Z

PNV TODAY IS LED BY A DECISIONMAKING BODY OF 40 REPRESENT-
ATIVES, 10 FROM EACH OF THE FOUR BASQUE PROVINCES (VIZ-
CAYA, GUIPUZCOA, ALAVA AND NAVARRE) THERE IS NO PRESI-
DENT OR SECRETARY GENERAL. ALL DECISIONS MUST BE TAKEN
UNANIMOUSLY A SERIES OF MUNICIPAL ASSEMBLIES NOW UNDER-
WAY. TO BE FOLLOWED BY MEETING AT THE PROVINCIAL AND
REGIONAL LEVELS, WILL CONSIDER POSSIBLE REORGAZNATION OF

THE PARTY. MOST PNV MEMBERS ARE FROM VIZCAYA AND
GUIPUZCOA; THEY ARE GENERALLY SMALL INDUS-
TRIALISTS, MERCHANTS, PROFESSIONAL PEOPLE, AND WORKERS --
A SIGNIFICANT NUMBER ARE WORKERS, ACCORING TO ARZALLUZ.
ALTHOUGH THE PNV'S DETRACTORS OFTEN CHARACTERIZE THE PARTY
AS A GROUP OF AGED CONSERVATIVES.

3. LOOKING TO ELECTIONS. THE PNV, AS A MEMBER OF THE
CHRISTIAN DEMOCRATIC "TEAM," EXPECTS TO COLLABORATE WITH
THE VARIOUS CD ELEMENTS WITHIN THE PARLIAMENT AFTER THE
PROMISED SPRING ELECTIONS. ARZALLUZ SAID THAT THE PRES-
ENCE OF ALVAREZ DE MIRANDA'S PPDC ON THE TEAM'S ELECTORAL
COMMITTEE CERTAINLY DID NOT CAUSE THE PNV AND PROBLEMS,
NOR WOULD THE POSSIBLE MEMBERSHIP IN THE TEAM OF MONREAL
LUQUE'S CONSERVATIVE UDE, IN SPITE OF ITS LINKS TO THE
FRANCO REGIME (MADRID 665 EXPLAINS THAT THE UDE SUBSEQENTLY
WENT WITH THE PARTIDO POPULAR AND THAT ALVAREZ DE MIRANDA
HAS ALSO GONE IN THAT DIRECTION, WHILE TRYING TO SERVE AS
A BRIDGE BETWEEN THE CHRISTIAN DEMOCRATIC TEAM AND THE
PP). THE PNV INTENDED TO RUN ITS OWN INDEPENDENT
SLATE OF CANDIDATES, UNALLIED WITH OTHER MEMBERS OF THE
CD TEAM (AN OBVIOUS REASON FOR ARZALLUZ' LACK OF CON-
CERN ABOUT UDE MEMBERSHIP) OR WITH SO-CALLED "ABERTZALE"
(BASQUE PATRIOT) GROUPS, ALTHOUGH IT WOULD ALSO BE
WILLING TO SUPPORT NON-PNV CANDIDATES WHO WERE WORTHY
OF CONFIDENCE, SUCH AS PSOE PRESIDENT RAMON RUBIAL.
THE PNV WILL EXCEED THE REQUIREMENTS OF ANY ELECTORAL
"FLOOR" IMPOSED BY THE ELECTORAL LAW.

CONFIDENTIAL

CONFIDENTIAL

PAGE 03   MADRID 00835 021734Z

4. CONCERNS ABOUT THE PCE. ARZALLUZ STATED THAT THE
COMMUNISTS ARE STRONGER IN THE BASQUE REGION THAN IS
GENERALLY BELIEVED AND MAY WELL BE SUPERIOR IN NUMBERS
TO THE PSOE, WHICH HE DOUBTED WOULD EXCEED 10PERCENT OF THE
VOTE IN THE BASQUE COUNTRY. HE DESCRIBED THE COM-
MUNISTS AS WELL FINANCED FROM ABROAD AND EXTREMELY
WELL ORGANIZED. AS A UNIVERSITY PROFESSOR, HE HAD
OBSERVED HOW YOUTHS RECRUITED BY THE PCE WHILE STLL IN
HIGH SCHOOL WERE PROVIDED SCHOLARSHIPS IN EVERY
UNIVERSITY DEPARTMENT. THESE STUDENTS WOULD, IN TURN,
ORGANIZE COMMUNIST STUDENT GROUPS, FOR WHICH NONE OF THE
OTHER PARTIES HAD ANY REAY COMPETITION. ARZALLUZ CON-
TREATED THE LACK OF FUNDS FOR DEMOCRATIC PARTIES
WITH THOSE AVAILABLE TO THE COMMUNIST CAUSE OF SOVIET
AND EASTERN EUROPEAN SUPPORT. THE PNV, FOR EXAMPLE,
DID NOT EVEN HAVE SUFFICIENT FUNDS TO PUBLISH A NEWS-
PAPER. HE MENTIONED THAT THE PNV RECEIVED ABOUT
80,000 MARKS OF A GERMAN CDU DONATION OF 400,000 MARKS
TO THE CD TEAM, AN AMOUNT TOO SMALL TO GO FAR IN MEETING

PARTY EXPENSES

5. "NORMALIZATION" OF THE BASQUE SITUATION. AMCONSUL
BILBAO POINTED TO A RECENT PRESS INTERVIEW OF JULIO
JAUREGUI, BASQUE REPRESENTATIVE OF THE OPPOSITION'S
"COMMITTEE OF NIN", IN WHICH JAUREGUI STATED THAT THE
STEPS, IN PRIORITY ORDER, NECESSARY TO NORMALIZE THE
BASQUE SITUATION WERE: (1) AMNESTY; (2) OFFICIAL RECOG-
NITION OF THE BASQUE FLAG ("IKURRINA"); (3) REPLACE-
MENT OF THE CENTRAL GOVT'S CIVIL GUARD AND ARMED POLICE
WITH SECURITY FORCES RESPONSIBLE TO BASQUE AUTHORITIES;
(4) ELIMINATION OF ULTRA-RIGHT TERRORIST ACTIVITY; AND
(5) BASQUE AUTONOMY ACCOMPANIED BY THE RETURN OF JOSE
DE LEIZAOLA (CURRENTLY PRESIDENT OF THE BASQUE GOVT IN
EXILE) AS PRESIDENT OF THE BASQUE GOVT. ARZALLUZ
INDICATED GENERAL AGREEMENT WITH JAUREGUI'S PRESENTATION,
ALTHOUGH HE SAID THAT THE SUPREMACY OF LEIZAOLA WAS NOT
CONFIDENTIAL

CONFIDENTIAL

PAGE 04   MADRID 00835 021734Z

ESSENTIAL AND EMPHASIZED THE IMPORTANCE OF A TOTAL
AMNESTY FOR BASQUE POLITICAL PRISONERS, WHICH WOULD GO
A LONG WAY TOWARD REDUCING THE PRESENT TENTSION IN THE
REGION. HE DOUBTED THAT ETA OR ANY OTHER RADICAL GROUP
COULD GAIN SUPPORT FOR FURTHER VIOLENT ACTS AGAINST THE
GOVT AFTER THE PROCLAMATION OF A TOTAL AMNESTY. ARZALLUZ
SUMMED UP THE FINAL GOAL AS AN AUTONOMY WHICH WOULD
PROVIDE THE BASQUE REGION WITH THE POWER TO GOVERN ITS
AFFAIRS IN A MANNER ROUGHLY EQUIVALENT TO THAT OF A U.S.
STATE. HE ADDED THAT THE ULTIMATE DREAM WOULD BE A
SEPARATE BASQUE STATE (INCLUDING, BY IMPLICATION, THE
THREE FRENCH BASQUE PROVINCES) WITHIN A UNIFIED EUROPEAN
CMMUNITY, BUT AHT UNDER PRESENT CIRCUMSTANCES, INDEPEN-
DENCE CLEARLY IS NOT POSSIBLE.

6. COMMENT: CONCERNING JAUREGUI'S FIVE "NORMALIZATION"
POINTS, WE NOTE THAT THE "IKURRIAN" IS NOW "TOLERATED"
AND THAT CIVIL GUARD ELEMENTS REPORTEDLY ARE BEING
REPLACED IN BASQUE URBAN AREAS. THIS IS CERTAIN TO BE
ACCOMPANIED BY AN ATTEMPT TO EXTIRPATE ULTRA-RIGHT TER-
RORIST ACTIVITY, ALTHOUGH THE EFFECTIVENESS OF THIS
EFFORT REMAINS TO BE SEEN. AS FOR AMNESTY, THE GOVT
CLEARLY INTENDS TO BROADEN THE APPLICATION OF THE KING'S
JULY 1976 AMNESTY. AS FOR THE ISSUE OF AUTONOMY, HOWEVER,
THE GOVT HOLDS TO THE UNDERSTANDABLE POSITION THAT THIS
IS A QUESTION TO BE DECIDED BY A DEMOCRATICALLY ELECTED PARLIAMENT.
STABLER

CONFIDENTIAL

134

Message Attributes

Automatic Decaptioning: X
Capture Date: 01-Jan-1994 12:00:00 am
Channel Indicators: n/a
Current Classification: UNCLASSIFIED
Concepts: PARTY LEADERS, POLITICAL SITUATION, PARTY ORGANIZATION
Control Number: n/a
Copy: SINGLE
Sent Date: 02-Feb-1977 12:00:00 am
Decaption Date: 01-Jan-1960 12:00:00 am
Decaption Note:
Disposition Action: RELEASED
Disposition Approved on Date:
Disposition Case Number: n/a
Disposition Comment: 25 YEAR REVIEW
Disposition Date: 22 May 2009
Disposition Event:
Disposition History: n/a
Disposition Reason:
Disposition Remarks:
Document Number: 1977MADRID00835
Document Source: CORE
Document Unique ID: 00
Drafter: n/a
Enclosure: n/a
Executive Order: X1
Errors: N/A
Expiration:
Film Number: D770038-0054
Format: TEL
From: MADRID
Handling Restrictions: n/a
Image Path:
ISecure: 1
Legacy Key: link1977/newtext/t19770281/aaaacbrw.tel
Line Count: 166
Litigation Code IDs:
Litigation Codes:
Litigation History:
Locator: TEXT ON-LINE, ON MICROFILM
Message ID: a8d3cdcc-c288-dd11-92da-001cc4696bcc
Office: ACTION EUR
Original Classification: CONFIDENTIAL
Original Handling Restrictions: n/a
Original Previous Classification: n/a
Original Previous Handling Restrictions: n/a
Page Count: 4
Previous Channel Indicators: n/a
Previous Classification: CONFIDENTIAL
Previous Handling Restrictions: n/a
Reference: n/a
Retention: 0
Review Action: RELEASED, APPROVED
Review Content Flags:
Review Date: 29-Nov-2004 12:00:00 am
Review Event:
Review Exemptions: n/a
Review Media Identifier:
Review Release Date: n/a
Review Release Event: n/a
Review Transfer Date:
Review Withdrawn Fields: n/a
SAS ID: 3432177
Secure: OPEN
Status: NATIVE
Subject: PNV LEADER JAVIER ARZALLUZ CIMMENTS ON THE BASQUE SCENE, HISPARTY, AND AUTONOMY, EXPRESSES CONCERNS RE COMMUNISTS
TAGS: PINT, PFOR, SP, (ARZALLUZ, JAVIER)
To: STATE
Type: TE
vdkvgwkey: odbc://SAS/SAS.dbo.SAS_Docs/a8d3cdcc-c288-dd11-92da-001cc4696bcc
Review Markings:
  Margaret P. Grafeld
  Declassified/Released
  US Department of State
  EO Systematic Review
  22 May 2009
Markings: Margaret P. Grafeld Declassified/Released US Department of State EO Systematic Review 22 May 2009

ÍNDICE

978-84-16842-68-1
256 páginas

Entre la «España vaciada» (antes «España vacía») y la «España metropolitana» hay una tercera España, la de las ciudades medias. Una España que seguramente está ya en una tierra de nadie, en un proceso que no llevará a la despoblación en sentido estricto, pero sí ahondará las desigualdades territoriales y sociales. El presente libro quiere ser una reivindicación de esa tercera España y dar a conoder una realidad desconocida para muchos y, sin embargo, fundamental para que el territorio español tenga futuro más allá de las grandes ciudades.

978-84-16842-36-0
352 páginas

Con nombres y apellidos, sin sectarismos y con argumentos, una denuncia de los casos que, de la sobreprotección legal de la Corona a los privilegios del bipartidismo o las injerencias en el poder judicial, pone de manifiesto que este régimen está agotado.

" La democracia borbónica se lee de un tirón porque no decae el interés de su lectura ni en un solo párrafo. [...] Lardiés ha puesto su pluma sobre la llaga de las minorías españolas que se reparten poder político y botín económico. Y desentraña el tejido de las alianzas subterráneas y los acuerdos enmascarados. Un libro de lectura imprescindible y un éxito que consolida el prestigio de este escritor. "

— Luis María Anson, *El Cultural*

.